American Academy of Pediatrics

DEDICATED TO THE HEALTH OF ALL CHILDREN™

美国儿科学会
婴儿亲子游戏

RETRO BABY

〔美〕安妮·H. 扎克里◎著

崔玉涛◎主译

北京科学技术出版社

著作权合同登记号　图字：01-2017-8312 号

图书在版编目（CIP）数据

美国儿科学会婴儿亲子游戏 ／（美）安妮·H.扎克里著；崔玉涛主译 . —北京：北京科学技术出版社，2019.5（2024.9 重印）

书名原文：Retro Baby

ISBN 978-7-5304-9809-5

Ⅰ . ①美… Ⅱ . ①安…②崔… Ⅲ . ①游戏课－学前教育－教学参考资料Ⅳ . ① G613.7

中国版本图书馆 CIP 数据核字（2018）第 193585 号

策划编辑：赵美蓉	出 版 人：曾庆宇	
责任编辑：张青山	责任校对：贾 荣	
责任印制：吕 越	网　　址：www.bkydw.cn	
图文设计：北京永诚天地艺术设计有限公司	印　　刷：河北鑫兆源印刷有限公司	
出版发行：北京科学技术出版社	开　　本：880mm×1230mm　1/32	
社　　址：北京西直门南大街16号	字　　数：180 千字	
邮政编码：100035	印　　张：7.5	
电　　话：0086-10-66135495（总编室）	版　　次：2019年5月第1版	
0086-10-66113227（发行部）	印　　次：2024年9月第5次印刷	
ISBN 978-7-5304-9809-5		

定　　价：49.80元

—— 评论 ——

扎克里博士以当代研究为依托，用精彩的儿童活动给我们展示了如何通过宝贝们真正需要的，并且历经时间检验的，充满趣味性的感觉运动活动来避免婴儿用品可能带来的危险。这本书是有辨识力的父母们的必读指南。

——**芭芭拉·史密斯**

按摩及作业治疗师

《从摇铃到书写：促进儿童手部动作能力发展的父母指南》的作者

这是一本对于父母来说特别棒的读物，尤其是那些想要减少使用近些年来虽然很火但名不副实的高科技设备的人们。你们会喜欢书中提供的那些有创意的活动的。它们在让宝贝们开心娱乐的同时还促进了他们的成长发育。

——**瑞秋·穆恩**

医学博士，美国儿科学会会员

乔治华盛顿大学医学与健康学院，国家儿童医疗中心，儿科主任医师

《睡眠：每个父母都需要知道的》的作者

很高兴有人能够注意到婴儿在清醒状态下俯卧时的体验就可以帮助他们锻炼基本的运动能力，并不一定需要依靠特制的昂贵的设备。此外，父母们是宝宝们在探索、交流、社会互动、感官和操作能力方面的第一任老师。通过这本书，许多父母可以了解到，如何通过一些简单易操作的方法来促进宝宝的成长发育。

——迈克尔·姆梭尔

医学博士，美国儿科学会会员，美国脑瘫和发育医学会会员

芝加哥大学科莫儿童医院，儿科主任医师

博思会医学圆桌会议联合主席

放下你手中的智能手机，翻翻这本书吧。扎克里博士用直白简洁的语言，提供了有研究依据的重要信息来帮助幼儿的父母们。幼儿父母、兄弟姐妹之间的创造性的互动游戏能够促进幼儿的大脑健康发展。而这是使用任何当代科技都永远无法做到的。这本书为父母们提供了许多有趣又省钱的活动，这些活动能够帮助孩子们为终身的成功做好准备。

——马克·贝尔廷

医学博士，儿童发育行为专家，美国儿科学会会员

《多动症的解决方案：用科学的方法提升孩子的注意力，

减轻父母的压力》的作者，常识媒体编辑顾问

—— 致谢 ——

　　首先要感谢我的母亲贝丝·怀亚特给予我的爱与支持。感谢玛丽·艾莉森·凯茨、珍妮弗·德利、金·劳埃德和梅丽莎·斯宾塞的支持和聆听，佩吉·亚当斯的鼓励，堂妹蒂娜·迈耶斯对初稿的校正和有效反馈，好朋友斯蒂芬妮·兰卡斯特的细致审稿，还有我的朋友兼同事林赛·布雷迪提供的实践报告和有效建议，以及我的良师益友扬·贝尔，在这里向所有人表达诚挚的谢意。

　　衷心地感谢经纪人米歇尔·马丁，感谢您为我这样的无名作家的付出，更感谢您对这个项目始终如一的支持；感谢编辑芭芭拉·麦克尼科尔，谢谢您帮忙找到的珍贵的宝宝模特（阿瓦、弗朗西、夏天、艾莉、维吉尔和斯登）；感谢劳拉·朱姆沃尔特出色的摄影工作，感谢大家的辛苦付出。

　　感谢作业治疗师芭芭拉·史密斯花费时间和精力对该书进行审阅。作为一名优秀的作业治疗师，苏珊·斯劳特在处理婴幼儿头部和颈部问题上有独到的见解，并对本书第五章提出了诸多有建设性的意见，和您一起探讨如此重要的问题，倍感荣幸。

　　同时向每一位博思会（Pathways.org）的同仁致以谢意。大家为儿童健康成长的付出令我感受颇深。博思会的信息手册和俯卧运动视频为父母和专业人士提供了宝贵的学习资源。

　　感谢本书审稿人尼莉莎·鲍尔（公共卫生学硕士、医学博士、美国儿科学会会员）、马克·迪亚斯（医学博士、美国神经外科医生协会会员、美国儿科学会会员）、邦妮·卡捷尔、特里·姆法登（医学博士、美国儿科学会会员）、瑞秋·穆恩（医学博士、美国儿科学会会员）、伊丽莎白·鲍威尔（医学博士、美国儿科学会会员），感谢你们的修正建议。

　　最后要感谢马克·格密斯、卡洛琳·考芭芭以及美国儿科学会的全体工作人员，谢谢各位对本书出版提供的帮助与支持。

——— 序 ———

你有没有在车库甩卖过旧货？在我甩卖旧货时，整个上午我都在看那些陌生人在一个个塑料箱里翻来找去。箱子里塞满了这些年我给三个孩子买的各种玩具，其中大部分是为了帮助他们发展好奇心和强身健体的。看着摆满车道的玩具，我意识到：大多数玩具，我的孩子们现在已经不需要了。更糟糕的是，其中有一些甚至可能会对他们的成长不利。

我很容易被商家忽悠。玩具广告策划在构思如何推销产品时，会设想只要这个玩具能让宝宝开心，挖掘宝宝的某项优势，连住在远郊区的爸爸都乐意花钱买。我就是他们的目标用户。如果玩具能唱歌，能发光，能在地上翻滚、爬行、振动，或只需要自行安装 12 节 5 号电池，我都会给孩子买。但孩子们最喜欢什么？没错，装玩具的盒子（电池的包装除外，因为它们很薄）。

我一开始没想买这些玩具，真的！最初我只是想给孩子买一套字母积木、两个玩偶、一辆小卡车和一个球。但我站在玩具店的货架前，看着包装盒上各种令人心动的说明，例如，这个塑料玩具能放音乐、会发光，而且能保证我的宝宝考上有名的研究生院，我就失去了控制。回家后，我不得不花费一两个小时，将包装盒上缠绕的线拆开，然后等孩子对玩具的几分钟热度过去以后，就把它扔到玩具箱里，一直等到我处理旧货时才拿出来。

然而，现在你就不必重蹈我的覆辙。你可以阅读本书，做好笔记，并带着它去婴儿用品商店。这本书里的知识比琳琅满目的玩具更有价值。这本书将帮助你学习如何依靠你自己的技能以及一些日用品，激发宝宝的视觉、听觉、语言和运动能力，也将告诉你在努力培养宝宝的过程中，如何避免无意中造成的不利影响。我必须要告诉你，阅读本书会让你与宝宝之间的关系变得更加紧密，而你失去的不过是旧货甩卖时几十箱低价处理的玩具。

大卫·希尔

医学博士，美国儿科学会会员

《爸爸写给爸爸：成为育儿专家》作者

美国儿科学会通讯与媒体委员会主席

—— 引言 ——

新的并不总是代表更好的，尤其是涉及孩子的健康和幸福的物品。在过去的几十年里，婴幼儿用品和科技产品的发展有了惊人的进步。诸如宝宝摇椅、婴儿背带以及早教视频等创新产品，都是为了让我们的日常生活更便捷、更有效率。但是与之相应的，我们付出了哪些代价呢？

有没有可能宝宝的神经系统发育特点决定了他们并不适合使用当今社会出现的这些技术革新产品？过度使用这些婴儿装备、智能玩具以及科技产品会不会对婴儿的认知发展、社会发展、情绪发展以及动作发展产生不利影响？我认为会的。

我是三个孩子的母亲，是一名作业治疗师，也是一名在儿科领域有超过二十年经验的儿童发育行为专家。我亲眼目睹了滥用这些"进步"产品会如何影响儿童的发展。在过去的几十年里，婴儿接触教育视频和花在高科技玩具上的时间更多了。各类婴儿用品的问世还造成了一种趋势：婴儿过长时间地坐在如宝宝摇椅、婴儿背带等塑料材质的装备里。我发现，随着这些日常生活方式的变化，婴儿轻度发育迟缓的现象有所增加，出现扁头问题的婴儿数量也增加了。我还发现，许多父母并不了解过长时间使用婴儿设备以及过度使用技术产品的危险。

我很理解，您想让宝宝拥有一个良好的人生开端。我很清楚，作为父母的您想确保宝宝发育良好，顺利达到每一个重要的成长里程碑。我也很明白，为了帮助宝宝奠定未来成长和发展的坚实基础，您会竭尽所能。其中，便包括购买安全可靠、并且真正有利于宝宝学习和发展的婴儿用品。

然而，爸爸妈妈还有很多需要学习的地方，也常常需要面对艰难的抉择。例如，哪一种汽车安全座椅最安全？需要买尿布台吗？如何选择最好的推车、幼儿秋千椅、固定式活动中心、宝宝摇椅和游戏围栏？所有的这些东西都是必需品吗？这些令人头疼的问题总是源源不断地出现。

如果您下定决心要做明智的消费者，那么您不仅得确保购买的产品质量过关，能促进宝宝的健康发展，您还得在面对厂家层出不穷的广告推销时仔细斟酌。例如，您听说把玩具悬挂在摇椅上有利于宝宝的手眼协调能力发展，而固定式活动中心则能加强宝宝的腿部力量。这些信息是事实还是编造的？婴儿学步车真的能帮助宝宝更早学会走路吗？智能玩具、婴幼儿 DVD 和教育编程玩具真的能够促进婴幼儿的智力发展吗？我会在本书中回答以上问题，以及更多与婴幼儿息息相关的问题。

这本书

◎解释了宝宝在 0 ~ 1 岁期间，大脑和肌肉之间的重要连接是如何形成的。

◎描述了过度使用某些婴儿用品会如何妨碍儿童的成长和发育。

◎对某些婴儿用品的每日使用时间限制提出建议。

◎解释了照顾婴儿的正确姿势和优良的传统游戏如何给宝宝的成长和发育带来积极影响。

◎提供了各种充满趣味的，而且能够提高孩子学习能力的活动。

◎介绍了如何亲手制作一些传统玩具，而不是非得购买市面上昂贵的玩具。

以上所有信息都可以帮助您为宝宝未来的学习和生活打下坚实的基础。这本书包括大量权威的、最新的研究数据。通过阅读这本书，您会了解如何有效地帮助宝宝达到发展里程碑，而不是揠苗助长。

各章节内容简介

第一章解释了宝宝在 0 ~ 1 岁期间，大脑和身体是如何快速发育的。本章还描述了过度使用婴儿用品对宝宝发育产生的负面影响，以及为什么说根据婴儿的神经系统发育特点，他们并不适合使用高科技产品。

第二章和第三章用清晰易懂的语言介绍了宝宝

0 ～ 2 岁期间运动能力和感知觉发展的每个阶段。

第四章讨论了美国儿科学会推荐的"安全睡眠"指南的重要性。它强调了如何把趴卧时间融入到宝宝的日常作息中。

第五章概述了过度使用某些婴儿用品的负面影响。本章解释了过度使用背带和摇椅是如何导致宝宝斜颈和扁头问题出现的。同时，本章也提供了这类婴儿用品的替代方案，以促进宝宝的发展。

第六章到第十章针对宝宝发展的每个阶段，都说明了照料宝宝的正确姿势，提供了有针对性的游戏指南。这些有趣的任务会增强宝宝的力量、运动能力、平衡和协调能力，还会促进宝宝心理和情绪的发展。在这些章节中，您还可以看到如何用家中常见物品来亲手制作各种有益于宝宝发展的玩具，并能获得详细步骤的说明。（特此声明，为了避免可能造成的性别歧视的误会，我会在不同章节替换使用"他"和"她"。）

如何使用这本书

这本书在通篇谈论养育宝宝时，强调如何保持灵活性。所以我希望大家对于书中的活动和建议保持开放的心态。书中某些建议可能会让您觉得很有效，而另一些建议则会启发您的创意，尝试自己解决问题。例如，某个活动涉及抓摇铃，而您的宝宝还不能自己抓住物品，那么可以改为让他拍击玩具，而不是非要他去抓摇铃。通过了解宝宝的真实发育水平，您将学会如何给他提供有利于其成长和发展的体验。

尽管本书介绍的活动都非常有趣，但请您注意不要强迫宝宝玩这些游戏，以免过度刺激宝宝，特别是在宝宝刚出生的几周。当您和宝宝一起玩耍的时候，要注意观察宝宝疲劳的迹象，例如，宝宝在活动中哭闹或者背过身去。那么您就知道宝宝需要休息了！

请别忘记，作为父母，直觉将告诉您哪些活动最适合您的宝宝。请相信您的直觉。如果您的宝宝对某项活动显得并不热衷，这可能意味着他还没有发展到能接受这项活动的阶段。您不用着急，可以过一周左右再试试。您会发现，如果能自然地接受来自宝宝发展的信号，敏感地察觉宝宝是否已经准备好（进行这个游戏），将有助于避免您和宝宝陷入充满压力的情境。

为宝宝的发展提供指导

在这本书中，我对某些婴儿用品的每日使用时限提供了建议。如果宝宝把大量时间花在这些用品上，将会减少他们进行身体活动和探索周围环境的机会，而这不利于他们肌肉力量和运动能力的发展。

不过请注意，限时使用的建议只说明了最理想的情况，仅供参考。例如，某一天你们外出旅行，宝宝不得不在安全座椅上待很长时间，那么可以以减少使用其他婴儿设备时间的方式来弥补。如果你们一整天都在逛街，宝宝只能长时间坐在婴儿车里，那么您可以多抱他一会儿或者晚上让他在地板上多玩一会儿。

书中给出的指导建议来自 150 余项有关婴儿用品的调查数据，这些调查是由儿科作业治疗师和物理治疗师共同完成的。需要注意的是，治疗师的建议在实际生活中可能并不是任何时候都可行的。因此，如果您忙碌了一天，而您的宝宝耗在各类婴儿用品上的时间比您希望的更多，也不要觉得内疚。我们能够理解很多父母工作忙碌，有许多必须要做的事情。您只需尽可能地记住这些指导建议，如果您有一天没能做到，那么请在第二天弥补就可以了。

不要陷入婴儿用品厂家的营销和广告陷阱里。与之不同，本书中提供的策略和建议是要帮助您在育儿时"回到基本的要点"。如果您可以限制各类婴儿设备的使用，在宝宝 2 岁之前尽可能不使用带显示屏的电子设备，并且和宝宝一起完成本书中提供的活动，您就能更加健康地引导宝宝的发展了。

为什么您应该实践书中这些促进宝宝成长的活动呢？最佳的理由是这些活动会给您提供充足的机会，让您可以跟宝宝一对一地相处，创造亲密而特别的联结，并且这种联结将持续一生！

目录

第一章

婴儿用品行业对宝宝成长发育
造成的影响

在 20 多年前，我成为了一个孩子的母亲。1990 年，为了迎接儿子的降生，我在必备用品清单上列了 4 件主要物品：汽车安全座椅、儿童餐椅、婴儿提篮和婴儿玩耍护栏。就这些而已！

但是看看现在变化多大啊。在如今的婴儿用品市场上各种小玩意小发明层出不穷，让人眼花缭乱。事实上，在宝宝出生的第一年，新手父母在婴儿相关产品上的花费常常高达9000 ～ 12000 美元 [1]。

毫无疑问，育儿行业已经成为了一大产业。随着成千上万的婴儿产品不断涌现，如今的家长，尤其是新手父母特别疑惑到底有多少东西是必须准备的。不管如何，数量肯定不少于三四个，没说错吧？

　　除了想知道有多少东西是必需的，父母也不知道到底该如何选择合适的产品。举例来说：作为新手父母，婴儿车该购买斜躺式的还是可单手折叠的？婴儿学步车有没有安全隐患，它真的能帮助宝宝更早学会走路吗？汽车安全座椅和推车的二合一组合怎么样，它的安全系数高吗？

　　随着我第二个和第三个孩子的出生，上面这些问题我统统遇到了。当我的小女儿出生时，我已经陆陆续续地买了汽车安全座椅系统、婴儿秋千椅、弹跳健身架、婴儿摇椅、游戏垫、儿童餐椅、固定式活动中心、爬行垫、伞车、慢跑推车、双人慢跑推车、游戏围栏、婴儿监护器、普通双人推车。当然除了这些以外还有婴儿床、床铃、玩具以及祖辈们买的当宝宝在他们家时用到的各种用品。

　　当我们不断地购买婴儿用品时，我们不仅仅花费了金钱，还占用了家里大量的空间。我都不记得自己半夜被摇椅或者其他婴儿用品绊倒过多少次了。因此，我渐渐地开始思考："所有这些东西都值得买吗？这些本应为生活提供便利的东西是不是反而把我的生活弄得更复杂了？"另外，作为家长，我感觉婴儿用品厂家们试图让我相信，如果不给宝宝买他们生产的东西，我就是不负责任的家长。但是什么才是宝宝真正需要的东西呢？

　　除了要应对这些形形色色的婴儿用品，还需要注意：我听说如果滥用某些被热捧的产品，很有可能会对宝宝的生长发育产生负面影响。确实是这样的！为了宝宝的安全，我必须得进一步研究一下这种说法，而恰好当时我正在准备我的博士论文课题。于是，我把婴儿用品的使用对儿童成长发育的影响当作了研究目标。此外，电视和婴儿视频对儿童成长发育的影响也是我研究的关注点。研究的结论究竟是什么？我的目的是发现真相，然后跟所有担心这个问题的父母分享真相。

一种刺激大脑发育的环境

婴儿在刚出生时，大脑里便有 1000 亿个神经元（神经细胞）。什么是神经元？从根本上来说，它们就是大脑的基石。在婴儿出生后的前几年中，大脑里神经元之间的联结不断形成，这对宝宝非常有价值。为什么呢？脑科学研究表明神经元之间的联结越多意味着学习潜能越大 [2]。令人惊讶的是，在宝宝出生的头三年里，大脑神经元之间形成了大约 1000 兆个联结 [3]。而联结的数量是跟宝宝的生活经历有着直接关系。这意味着，作为父母的你要确保为宝宝提供良好的营养、充分的语言刺激、强烈的情感联结以及适当的抚摸和运动。提供的环境刺激越均衡、营养越丰富、与宝宝的互动越频繁，宝宝大脑内形成的神经元联结就会越多。这对父母来说意味着什么？无论我们做什么来刺激和支持宝宝的成长发育，都会促进他们的大脑健康发展！

除此以外，随着神经元之间新联结的不断形成，有一些神经元则没有被使用。为了使大脑保持高效工作，那些未使用的神经元会被代谢掉，为大脑的发育腾出空间。这一事实告诉我们，智商并不是出生时就确定好的，这也解释了为什么新生儿的大脑到 3 岁时体积会增大一倍。

作为父母，我们当然想要为宝宝大脑的发育提供支持，然而我们必须得仔细查看市面上的一些婴儿用品，仔细斟酌它们是否具有如商家所言的效果。例如，广告宣称说婴儿摇椅可以"让宝宝尽享快乐时光，同时促进其感官发展"，固定式活动中心"不仅好玩，同时帮助宝宝锻炼行走能力"。但是，商家是在吹嘘他们的商品还是在说实话？

在本书中，您不仅会找到以上问题的答案，还会了解很多有趣、而且经过时间验证的活动。它们都不需要昂贵的玩具和设备，但却能刺激宝宝大脑神经元的联结。

婴儿用品使用不当带来的风险

通过控制宝宝观看屏幕的时间以及其他婴儿用品的使用时间，宝宝们会有更多的机会体验（来自亲人）充满爱意的抚摸、活泼地动来动去以及与他人建立情感联结。举个例子，如果妈妈在购物，而宝宝在背带里一坐好几个小时，这种情况下他其实并没有得到应有的锻炼。他没有练习抬头，没有好好地活动胳膊和腿，也没有用眼睛观察周围的环境。他和其他人之间的社交互动也十分有限。

下面我们将重点介绍目前市场上经常被滥用的几种常见的婴儿用品。

汽车安全座椅、婴儿秋千、婴儿摇椅和固定式活动中心

　　诸如汽车安全座椅、婴儿秋千、婴儿摇椅和固定式活动中心等塑料制造的设备会把宝宝限制在一个固定的区域。如果滥用它们的话，可能导致宝宝运动能力发育迟缓。这是因为当宝宝被放在这些装置里时，他其实很少有机会用到躯干、颈部、手臂和腿部的肌肉。相反，他们被迫以臀部、膝盖和肘部弯曲的姿势坐着。过度使用这些产品甚至会增加宝宝扁头的风险，也就是位置性颅骨畸形（也被称为枕骨斜头畸形或"扁头综合征"）。当婴儿把头长时间靠在这些物品坚硬的塑料表面上时，挤压带来的压力会导致婴儿柔软的颅骨变平 [4]。不过请注意：宝宝乘车时一定要使用安全座椅。所以任何对安全座椅的使用限制都是指车外时间。此外，在宝宝出生后的最初几个月里，最好控制坐车出行时间，并且增加途中休息的次数，不要让宝宝长时间待在安全座椅里。

　　很不幸的是，在最近几年里，被诊断患有枕骨斜头畸形的婴儿数量从 50% 增加到了 60%[5]。研究表明过度使用婴儿用品的宝宝，他们的运动能力相对较弱 [6]。其实，婴儿座椅等用品并不适合过长时间的使用——大部分应当控制使用时间在 30 分钟左右。考虑到上面提到的扁头以及运动能力发展缓慢的风险，父母非常有必要控制使用婴儿塑料用品的时间！

智能玩具

　　智能玩具结合了计算机技术，能够与宝宝进行多种方式的互动。智能玩具有些可以亮灯，有些可以背诵 ABC，有些会振动还会唱歌。但是在玩智能玩具时，宝宝本身的创造力和解决问题

的能力并不会得到锻炼，因为他需要做的仅仅是按下某个按钮，然后等待看看会发生什么。

当宝宝得到一个高科技玩具时，他通常会很开心，然后会不停地尝试。然而，一旦他弄清楚了它是怎么玩的，大多数情况下玩具就被丢到一边了。而在一天结束的时候，他玩玩具包装盒的时间可能都比玩玩具的时间要长。对宝宝而言，更理想的玩具应是可以促进互动、鼓励假扮游戏和培养创造力的。与智能玩具相比，积木和拼图等传统玩具反而更适合促进宝宝的大脑发育。事实上，玩具上可移动的部件越少，对宝宝创造力的要求就越高。最理想的玩具不仅能激发宝宝的想象力，同时还能促进宝宝生理、心理和社会性的发展。

> **真心话时间**
>
> 不要去买那些昂贵的高科技玩具。宝宝真正需要的应该是与其发展相适应、能鼓励他们去解决问题和玩假想游戏的玩具。例如，一套简单的积木不仅能给宝宝带来无尽的欢乐，还可以极好地促进宝宝视觉和运动技能的发展。

电视和DVD

观看教育类DVD会对宝宝的发展产生哪些负面影响？在观看视频时，宝宝会一直被动地盯着屏幕，他们既不移动也不跟别人互动，而且视频里闪烁的图像和声音很有可能会对宝宝造成过度刺激。最近的一项研究还发现，每天观看 DVD 和视频的婴儿每小时学习的新词数量比不看视频的婴儿少了 6 ~ 8 个。因此，宝宝看视频的时间越长，他们掌握的词汇越少 [7]。

基础研究还发现，在童年阶段过度使用科技产品可能会导致较低的学业成就、注意力不集中、肥胖、有攻击性和睡眠障碍等问题 [8-12]。不幸的是，在美国 2 岁以下的幼儿平均每天看电视的时间为 1 ~ 2 小时，而这个时间还会随着宝宝年龄的增长而逐渐增加 [13]。

研究表明，看电视妨碍了父母和宝宝之间的沟通，这对于宝宝的语言发展非常不利。有一项研究发现，当家里开着电视时，大家的交流变得少了；宝宝很少说话，父母也不怎么与宝宝说话。平均而言，每多看 1 小时的电视，宝宝从父母嘴里听到的单词就减少 770 个。这比宝宝本应该听到的词语数量少了 7%。研究还发现，宝宝听到的词语数量会直接影响其 0 ~ 3 岁的语言发展，而宝宝 3 岁时的词汇量往往预示着他 9、10 岁时的语言能力 [14]。

迄今为止，还没有一项研究表明宝宝真的能通过观看教育视频学到东西。事实上，有一些研究认为，视频中不断快速变换的影像会影响孩子未来学习方面专注力的发展 [15]。很有意思的是，很多接受调查的父母说会让宝宝看电视，因为他们觉得电视是有教育意义的 [16]。可是，宝宝在看电视时，他的想象力和创造力其实被限制了。令人遗憾的是，近些年来车载 DVD 播放机非常受有小朋友的家庭欢迎。许多父母认为在车上播放视频是旅行时宝宝最佳的娱乐方式。虽然这确实可以避免宝宝无聊，但很多父母都不清楚电子屏幕会给孩子们带来什么样的风险。

在 20 世纪 70 年代，大多数儿童节目都仅在周末播放。而现在的儿童节目是一周 7 天，每天 24 小时不间断地播放，而且还有为婴儿和学步儿童专门设计的频道。

平板电脑和智能手机

人们经常使用的电子设备还包括交互式平板电脑。现在许多婴幼儿都喜欢玩触摸屏。这一点儿也不奇怪！触摸屏酷酷的外形、里面有趣的画面和声音能够为婴儿的各种感官提供即时的满足感。可以理解为什么许多父母对这种互动技术感到兴奋不已。他们大多数是通过媒体广告了解到，婴儿可以通过使用互动技术产品来学习字母、数字、词汇和概念。然而，迄今为止尚未有研究能证明平板电脑或智能手机与婴儿学习之间的联系。

无论是坐车旅行，还是在医院等待就诊时，父母常常会将智能手机、笔记本电脑或平板电脑给宝宝玩。对于父母来说，这些电子设备就像保姆一样，它们里面有着数百个可供宝宝玩的应用程序，它们对年纪更小一些的宝宝的吸引力也很大。然而，到目前为止，并没有多少相关研究能提供科学依据，证明婴儿接触这些互动屏幕有无潜在的好处或危害。对于稍大一点的孩子来说，互动元素可以让他们学习诸如因果、顺序等概念。但是对于仍然处于大脑发育关键时期的婴儿来说，（电子产品带来的）长期影响仍然是未知的。

关于电子屏幕时间，美国儿科学会已经明确表态：鉴于电子屏幕与语言学习迟缓的联系，建议父母们不要让 2 岁以下宝宝接触电子屏幕[13]。需要注意的是，与电视、录像机和电脑一样，平板电脑和手机也有电子屏幕。

真心话时间

在过去，当宝宝们还不会像现在这样长时间看电子屏幕（包括电视）时，他们会连续几个小时玩玩具。他们会搭积木、扔球、敲击玩具钢琴、玩形状嵌板。这些游戏帮助宝宝发展了良好的运动能力和双侧协调能力（即能够轻松地使用双手）。所以当他们长大开始上学时，他们可以正确地握笔，并且具备了学习写字的基础。

大量研究表明，与使用电子产品来学习相比，孩子们从实际生活经历中学习会更有成效，尤其是参与涉及运动和动手的活动[17,18]。不幸的是，把使用平板电脑、智能手机、电脑以及看电视的时间都加起来的话，估计 12 个月大的婴儿一天接触电子屏幕时间平均会长达 2 小时[16]。

真心话时间

父母们让 2 岁以下的宝宝接触电子媒体的主要原因是什么？为了让宝宝接受教育、进行娱乐和把电子设备当作临时保姆[16]。

　　虽然利用科技来让宝宝学习"上""下""停""走"的概念听起来很酷，但这并不能替代宝宝在玩耍中亲自接触世界的实际体验。主动的探索会发展宝宝的手眼协调、视觉感知和精细动作能力。但这每一项能力都无法通过二维屏幕取得相同的效果。在学习新概念的同时，宝宝与真实的人和物体的互动是至关重要的。搭建、攀爬、假扮游戏、敲打、堆叠和操作都是三维的感觉运动体验，无法在二维屏幕上复制。本书中概述的这些活动和建议，会帮助您有效促进宝宝未来的发展。

第二章

如何为宝宝成长奠定坚实基础
——成长，宝贝，成长！

想要帮助你的宝宝，为她的成长和发育打下坚实的基础，了解关于婴儿如何提高运动能力的相关知识很重要。本章回顾了宝宝出生后第一年中运动能力发展的各个阶段。

儿童的成长发育是一个复杂而迷人的过程。尽管所有的健康婴儿都有相似的成长模式，但他们的发育速度并不一定相同。在过去，科学家们确信婴儿的基因构成影响着发育。但随着时间的推移，研究人员发现食物和环境等外界因素也在孩子的成长发育中发挥着作用。除此以外，包括育儿实践和语言接触在内的一些社会因素同样影响着发育。

既然如今我们已经了解到，所有的这些因素共同影响着宝宝的独特性。作为父母，我们可以通过为孩子提供丰富多彩的书籍、优美的音乐、有趣的活动以及各式各样适合玩耍的姿势，来促进她的成长和发育。

发展运动能力

在短短的 1 年内（或更短时间），宝宝就从总是躺着，只会偶尔活动一下身体的状态，奇迹般地发展成可以立起身子，四处活动。她会从每天睡眠 14 ~ 18 小时，发展成不断地去探索周围环境，会从完全依赖别人发展成越来越独立。随着宝宝逐渐成长，你会注意到她的头部向下逐步发展，躯干向外逐步发展。例如，她会先学会控制头部然后才能控制躯干和腿；会先控制肩膀然后才能控制手臂、手和手指。

我们可以这样想：要先能够控制肩膀，手臂才能用力伸出去，而能够控制手臂则是熟练运用双手的前提。换句话来说，要先控制大肌群，再控制小肌群。正如治疗师所说，大运动控制优先于精细动作控制。

成长发育里程碑

尽管婴儿发育的速度各不相同，但他们通常都有着相似的成长模式。即使有些婴儿的发育速度可能略缓于同龄人，但他们最终还是有极大可能追赶上来。

在回顾以下发展里程碑时，请记住，你是最了解宝宝的人。如果你对她的发育状况有任何的疑虑，请坦率地与儿科医生进行交流。

真心话时间

小心不要过度刺激你的宝宝。新生儿需要一个平稳安静的环境，而9、10个月大的婴儿更喜欢热闹。你会渐渐意识到婴儿发出的信号，仔细解读这些信号并根据她的需要来做出适当的回应。

以下是一名叫作诺埃尔（Noel）的孩子的成长过程，这是非常典型的儿童在1岁以内的发展范例。不过请记住，有一些发展横跨的年龄段比较广，相同的发展体现在不同的年纪都应被认为是正常的。但是，无论何时如果父母对宝宝的发育感到担忧，都应该立即咨询儿科医生。

第一个月

刚出生时，新生儿对自己身体的控制很有限。这是因为她大部分的动作都是反射动作。反射是指因某些外部刺激而引起的不

新生儿诺埃尔

出生还不到1个小时的诺埃尔被母亲抱在怀里，睁开了她肿肿的小眼睛。刚从产道出来的她脑袋还有点尖，不过过几天就圆回来了。她的胳膊和腿蜷缩在小小的身体周围，偶尔会自发地动一动，就像她还在子宫里一样。她喜欢盯着母亲的脸不停地看，常常张着小小的嘴巴做各种口型和吸吮动作，还时不时地吧唧吧唧嘴。诺埃尔的父母对于她的到来感到非常开心。

自主的肌肉反应（详见第 15 页"婴儿反射"[19]）。足月的新生儿在休息时，大多数时间手脚是屈曲的，即手臂和肩膀紧贴身体、手肘弯曲、双手握拳、下身蜷缩、脊柱稍向内弯曲——和宝宝在子宫里的姿势一样[20]。

你可能注意到，当宝宝醒着仰卧在床上时，她偶尔会随意而有力地晃动她的胳膊和腿，但她小小的四肢最后总是会再次缩到她的躯干周围。这是很正常的现象，她这是在锻炼和加强自己的肌肉力量。在这个时期，就不要期望可以看到宝宝控制身体或头部移动了，她现在的力量还远远不够。不过你可以留意下，当你抱着她或让她趴在你的肩膀上时，她是不是想要试着抬起头来。虽然她现在还不能做到长时间抬头，但是给她一些时间，她会做到的！

从宝宝刚出生的那几天开始就给她提供大量的俯卧机会，不然她越长大越难以适应这个姿势。刚开始的时候俯卧时间可以短一些。有一个很好的办法就是你斜躺下，然后让她趴在你的胸前。俯卧的姿势会让宝宝颈部和上半身的肌肉越来越强壮。

在出生后的第一个月里，宝宝会完全依赖于你的照料，所以请尽可能多地搂着和抱着她。

1 ~ 2 个月

在出生后的一两个月里，宝宝开始更频繁地伸展她的手臂和腿。你甚至会吃惊地发现她对颈部、头部和躯干有了更多的控制。这是因为她的脊柱变得更加灵活，她的躯干、肩部和臀部的肌肉变得越来越强壮。这些地方的肌肉通常被称为核心肌肉，强健的

婴儿反射

名称	特征	开始于	结束于
不对称性颈强直反射	让婴儿平躺，把头部从正中线转向一侧，与头转向同侧的手臂会逐渐伸展，手会半张开，而另一侧手臂则呈现弯曲状，手握成拳	出生	约6个月
巴宾斯基反射	由脚趾向脚跟方向轻划新生儿足底时，他的脚趾会呈扇形张开，然后随着脚转向内侧再蜷曲起来	出生	8～12个月
莫罗反射（又名惊跳反射）	突如其来的刺激，如突然的移动或较响声音的突然出现等，都会引起惊跳反射。出现惊跳反射时，婴儿会表情惶恐，双臂伸展到身体两侧，手掌向上并且大拇指弯曲。之后双臂会缩回胸前，手肘弯曲，婴儿随之放松。这个过程常常会伴随着哭泣	出生	4～6个月
踏步反射	当婴儿被竖着抱起，把他的脚放在平面上，他会做出迈步的动作	出生	两个月内渐渐减少
吸吮反射	当婴儿口、唇受到外部刺激时，婴儿会做出口唇及舌的吸吮蠕动	出生	3～4个月
抓握反射	将手指或小物件放在婴儿的掌心，婴儿会立刻紧紧地抓住手指或小物件不放	出生	2～4个月内渐渐减少；应该在5～6个月内消失
觅食反射	轻触婴儿一侧的脸颊，婴儿会将头部转向受刺激的方向并做出吸吮的动作	出生	3～4个月

核心肌肉会为宝宝将来运动能力的发展打下坚实的基础。

在这个年龄，你的宝宝还不能主动地通过自己的感官来探索和了解这个世界。所以，你需要带她去体验。你可以牵着她的手，引导她摸摸玩具、毛绒玩偶，甚至摸摸你的脸。她没有必要非得等着自己去发现周围的环境，你可以做她的引导者和老师!

3个月的诺埃尔

诺埃尔已经3个月大了，她的父母对于她在这么短的时间内的发展感到惊讶。当诺埃尔仰卧时，爸爸会在她的胸口上方，在她恰好能碰得到的高度摇晃着她最喜欢的摇铃。诺埃尔会紧紧地盯着摇铃并努力去拍击它。"干得好，诺埃尔! 你摸到了你的摇铃。"爸爸一边说着，一边把摇铃放进诺埃尔的小手里，并帮助她攥紧。他抓着她的小手摇着摇铃说:"当你摇动的时候它会发出响声。摇，摇，摇!"诺埃尔开心地笑着，把摇铃抓到了嘴边。

"现在是诺埃尔的俯卧时间啦。"爸爸一边说一边轻柔地把她的身子翻过来，然后坐到了她的对面开始对着她低语。诺埃尔用前臂支撑着自己的整个身体，慢慢地抬高头，然后就看见爸爸微笑着坐在她面前。"诺埃尔，真厉害!"爸爸大声地说道。

3～6个月

在宝宝3～6个月大的时候她的运动能力会发生巨大的变化。在快满3个月时，她开始喜欢动手，她会拍打玩具，触摸自己身体的不同部位。她还能用前臂支撑自己的身体并且在外力的帮助下坐直。她目前还不能独立完成这个动作的原因在于她躯干的肌肉力量虽然增强了，但还没有强壮到可以支撑起上半身。

在快满6个月大时，宝宝差不多就能自己坐直了，虽然可能坐得还不太稳。一个结实的躯干会为宝宝将来平衡能力的发展打下坚实的基础。因此，在宝宝发育的这一阶段让她练习直立坐姿是很有好处的。如果你发现宝宝坐着的时候背部是弯曲的而不是挺直的，请及时帮助她把背挺起来。宝宝坐不稳意味着她可能还需要更多的俯卧时间来进一步加强她的核心肌肉力量。

在这段时间里，宝宝的动作会从一开始的随意、不连贯，变得越来越受控制。你会看到宝宝开始伸手去抓玩具和其他物品。在4～6个月大的时候，宝宝甚至可以独立地从趴着翻身成躺着。到6个月大的时候，她可能就能从躺着翻身成趴着了。

到宝宝4个月大的时候，如果让宝宝趴在地板上或床上，她应该可以做到用前臂撑起上半身微微离地或离床。大约6个月的时候，她应该就可以慢慢撑起身体做出类似俯卧撑的姿势。你甚至可能看到宝宝有了更多的爬行动作，不过请密切注意宝宝的姿势，宝宝的腿部会在髋关节和膝关节处弯曲，然后两腿交替摆动。这个动作表明宝宝躯干和手臂的肌肉变得越来越强壮了。当宝宝对自己的身体有了更多的控制时，可以让她玩一些专项性的游戏。

可以考虑玩一个叫"她的工作"的小游戏，不仅她的社交、操作和视觉处理能力能够得到发展，她的想象力也会变得更丰富，注意力的集中时间也会延长。游戏时间可以极好地、健康地刺激宝宝的发展。当你在进行书中提到的各种活动时，一定要确保这些活动的趣味性，这不仅仅是对你的宝宝而言，对你自己来说同样如此。

真心话 时间

与宝宝一起做游戏会自然而然地帮助宝宝练习不同的技能，比如模仿、解决问题以及轮换等。

8个月大的诺埃尔

诺埃尔的妈妈正在陪诺埃尔一起玩。她们坐在地板上，妈妈把手扶在诺埃尔的背上，以防她翻倒。诺埃尔有的时候会用手来抓自己的身体，不过她只偶尔这么做并不总这样。她会伸手去够地板上的牙齿咬环，然后用一只手把它抓起来。她嘴里一边嘟嘟囔囔着，一边把咬环移到另一只手上。诺埃尔的妈妈则在一旁欣慰地看着。

玩了几分钟后，妈妈给诺埃尔换了个姿势让她趴在地板上。她现在仍然很喜欢趴着，不过她肚子贴地的时间并不长，她更多的是保持一个手掌和膝盖撑地的姿势。她会前后晃动身体然后高兴地尖叫。

"宝宝你真厉害。你现在几乎都可以爬了！"诺埃尔的妈妈说。

7 ~ 9个月

当你的宝宝7个月大的时候，你会为她的成长感到无比自豪的。在这个阶段，她将开始尝试独立地去探索世界。这是多么令人兴奋的时刻！

我还记得我的孩子们就是从这个时候开始迅速地成长和发育。你的宝宝差不多在这个年龄段的时候开始可以自己坐着了。如果你让宝宝平躺着，她不会长时间地保持仰卧的姿势。鉴于她已经对身体有了更多的控制，很有可能她会翻身成趴卧，以便更好地用视觉和身体来探索周围的环境。一旦宝宝可以做到不用支撑就能坐稳，不用多久，她就会开始尝试用手和膝盖来爬行。在你的引导下，她可以学会如何用这个姿势来前后摆动，学会借助推力来移动。

如果你的宝宝是用其他的姿势来移动，比如滚动、用屁股挪动或者拖着肚皮爬。请在宝宝开始爬行之前尽量帮助她摆好正确的准备姿势。这是宝宝重要的爬行阶段的开端。

真心话时间

正在发育中的婴儿从一个姿势转换到另外一个姿势，需要经过一定时间的过渡，比如从侧躺发展到直立坐姿再到手膝爬。在这个发展过程中，躯干的转动是很重要的，因为它可以增强宝宝核心肌肉的力量，同时提高宝宝的灵活度和协调性。

生日快乐，诺埃尔

诺埃尔的父母感叹时间过得如此之快，不知不觉间诺埃尔竟然已经1岁了。他们看着诺埃尔慢慢地爬过厨房的地板，停在椅子旁边，坐了下来。她环顾四周，看了看生日派对上来来往往的人们，又马上扭头看了看爸爸妈妈是不是还在身边。一看到他们，她就笑了。然后她伸手抓着椅子，借力站了起来。

"好了，该吃生日蛋糕了。"诺埃尔的妈妈说。她走到诺埃尔身边，把她抱起来放到了附近的儿童餐椅上。伴随着客人们"祝你生日快乐"的歌声，诺埃尔的爸爸把蛋糕端了过来。在爸爸吹灭蜡烛后，诺埃尔看着他叫了声："达达！"所有人都笑了起来。

妈妈把蜡烛摘了下来，然后递给诺埃尔一把小勺子，但她摇摇头没有接住，勺子从儿童餐椅的托盘的边缘掉了下去。看到这个，诺埃尔又笑了起来。然后，她看着蛋糕，伸出手来去够，看到大拇指和食指都沾到了一小块，她咧嘴笑了起来。

10 ～ 12个月

这3个月里，在很多关键领域，宝宝会继续成长。如果她还没有开始爬行，到这个阶段也会马上开始了。自然而然地，她会对周围的环境感到好奇，会想要去进行探索，而且一定会想出办法到周围看一看。

宝宝到了这个年龄，可能会借助外力爬站起来，在扶着家具的情况下她可能会迈出人生第一步，她也有可能会从坐着的状态直接站立起来，然后独立地走几步。在这一阶段，宝宝应该能有意识地用拇指和食指末端捏取和放下小物体。这就是所谓的钳状抓握。随着宝宝手上动作的进一步发展，家长要尤其注意宝宝的安全问题。为防不测，不要把一些小的易碎的物品放在宝宝手能够到的地方；要确保柜子和抽屉锁都上了安全锁；要盖住电源插座，包住锋利的边边角角；要在楼梯附近挡上婴儿护栏。

爬行和发展

从宝宝出生开始，你就有很多事情要做，不过一旦你的小宝贝学会了爬行，需要你做的事情就更多了。

随着宝宝好奇心的增加，她会从探索周围的环境中获取很多的乐趣。随着宝宝爬行得越来越熟练，她的身体会更加强壮，肢体也更加协调。在这个过程中，她的视觉空间能力和自信心也会逐渐增强。

提供充足的机会让你的小宝贝趴在地上爬行吧！充足的俯趴时间会增强她背部、颈部、肩部和手臂的肌肉力量，使爬行更加容易。事实上，脐带一脱落，你就可以让宝宝在醒着的时候经常俯趴和侧卧了。越早开始，宝宝就越有可能适应姿势。而且宝宝俯趴的时间越长，掌握爬行对她来说就越容易。

真心话
时间

尽管研究人员还没有给出明确的具体原因，但相关研究表明，使用学步车的婴儿往往会表现出轻微的运动能力发育迟缓，包括爬行能力和行走能力。而且婴儿学步车也有可能会从平台边缘或台阶上摔下来，从而导致宝宝受伤。事实上，鉴于婴儿学步车造成的大量的意外伤害，美国儿科学会已经建议禁止制造和销售婴儿学步车[21]。

你现在应该已经了解到婴儿运动能力的发展速度是不同的，有些宝宝的发展会比同龄人更快一些。在6~8个月大时，她可能就已经具备足够的力量可以独立地用手和膝盖把身体撑起来。随着她越来越熟练地用这个姿势进行前后摆动，她渐渐掌握了爬行所需要的力量和平衡。不久之后，她就可以做到用手和膝盖爬行了。

随着宝宝在没有外力的帮助下四处移动，自然而然地，她的独立性就会逐渐增强。当她爬着去够她的玩具或爬到亲人身边时，她经历了一个完整的动机，目标设定和目标达成的过程。

她在成功完成环境探索的同时也收获了自信。她甚至渐渐适应了自己的想法不能得到满足的情况。这是因为在学会爬行之后，她听到"不可以"的次数明显要比以前多很多。

当宝宝第一次用手和膝盖爬行时，她会看到一个不同的、全新的世界。爬行对于宝宝视觉空间能力的发展是很有帮助的，因为在移动过程中，她实际体验了距离、联系和三维空间的情境。爬行也为宝宝的眼部肌肉提供了极好的锻炼机会，因为在爬行时，她需要频繁地抬头用眼睛查看方向。

当宝宝爬到一个新地方时，她会有更多的机会去拿、抓、检查和摆弄小物品。这会提高她的精细运动能力，而较强的精细运动能力则为宝宝将来完成一些对眼手协调有一定要求的任务打下坚实的基础，比如扣扣子、打响指、剪纸、打字和书写等活动。一定注意不要让宝宝往嘴里随便塞东西！一定要把小零件或小物品、气球、带有长串绳和串珠的玩具以及窗帘绳放到宝宝接触不到的地方，否则会有导致窒息的危险。一定要消除宝宝所在区域所有的潜在危险[22]。

真心话时间

1992 年，美国儿科学会建议婴儿采用仰卧的睡姿，以降低婴儿猝死综合征的风险[23]。此后，许多父母都注意到，他们的宝宝开始翻身和爬行的时间可能会比同龄的其他宝宝晚。然而一项研究表明，尽管婴儿仰睡可能会导致他们的发育略微缓慢，他们的发育速度仍然是在正常范围内的[24]。所以没有什么可担心的！你依然需要确保你的宝宝在睡觉期间（小憩时和夜间）保持仰卧的睡姿。除此以外，有一些宝宝甚至没有经历爬行，直接进入到行走阶段。如果你让宝宝多趴着，可以帮助宝宝发展爬行所需要的能力。所以一定要保证宝宝有足够的俯卧时间，并且要记住，婴儿睡觉时要保持仰卧的睡姿，因为对宝宝来说这是最安全的姿势。

　　宝宝天生会对自己所处的环境好奇，喜欢独立地爬行和走动。你要满足宝宝想要探索家中未曾到过的地方的要求，让她享受探索的乐趣。你可能会注意到，当她第一次从你身边爬开时，她会频繁地回头查看你是否还在附近。不用担心！这是完全正常的。这个不断寻求安慰的过程会增强宝宝的信心，而且知道你还在附近会让宝宝有安全感。

　　与普遍的看法不同，并非所有的婴儿在走路之前都会爬。事实上，2006 年世界卫生组织的一项研究发现，有大约 5％的婴儿不会用手和膝盖爬行 [25]。不会爬行的婴儿通常会找到另外一种方式来移动，例如滚动或腹部爬行。只要宝宝想要去探索周围的环境，她自然就会遇到发展空间意识、肌肉力量、协调和自信等基本能力的机会。

　　为什么有的宝宝在走路前不会爬？肌肉无力、兴趣缺乏或机会有限等诸多因素影响了宝宝的爬行。幸运的是，家长们可以采用某些方法来鼓励宝宝爬行。例如，当宝宝俯趴时，轻轻地弯曲她的膝盖放到肚子下面。摇动色彩鲜艳的摇铃来吸引她的注意力，然后把摇铃放到前方她恰好够不着的地方。把你的前臂放在她的脚下，为她提供一个可以借力的平台。如果她没有往前蹬，你可以轻轻地推她的脚，给她一个小小的推动力。

　　保证宝宝有充足的俯趴时间和足够的活动空间，也能促进宝宝爬行。或者，你可以坐在地板上，伸直双腿，让宝宝以爬行的姿势趴在你的大腿上并把她的手和膝盖放在地板上。时不时的，轻轻抬高她的躯干，使更多的重量压在她的手和膝盖上，然后缓慢地向前和向后摇动。这是一个非常好的增强宝宝躯干和四肢力量的练习，甚至还可能帮助宝宝尽快学会爬行。

注意：如果你的宝宝到 1 岁时还没有开始爬行，或者你发现她移动其中一只胳膊或腿有困难，请咨询儿科医生。

看着宝宝学会爬行并且开始独立移动是一个非常值得纪念的时刻。在很短的时间内，甚至在你意识到之前，小家伙就会挺起身子、站立，然后开始走路了。

并不是每个宝宝都按照传统的姿势爬行。爬行姿势可以包括不同形式。

◎经典的手膝爬行或交叉爬行。宝宝的手和膝盖承受整个身体的重量，然后同时向前移动一侧的手臂和另一侧的膝盖。

◎熊爬。与经典手膝爬行看起来相似，但是宝宝四肢伸直，像熊一样用手和脚爬行。

◎腹部爬行或匍匐爬行。宝宝腹部贴地，在地板上拖着肚子向前爬行。

◎屁股挪动。宝宝借用手臂的力量挪动屁股向前移动。

◎螃蟹爬。宝宝用胳膊在地板上推，使身体像螃蟹一样向后退或向旁边移动。

◎滚爬。宝宝采用翻身的方式从一个地方翻滚到目的地。

正如我所强调的，探索和经历会影响孩子最早期的学习，这表明了父母鼓励宝宝运动能力的发展的重要性。俯趴时间会为宝宝爬行的学习打下基础。你现在应该也了解到了，在地板玩耍和爬行在宝宝的发展中起着多么重要的作用!

自制玩具——不倒翁

你的宝宝会喜欢这个鼓励爬行的自制玩具。

准备一个 2 升的干净的空塑料瓶。往瓶子里挤一点洗碗液再加一点亮粉。然后开始灌水,在瓶口处留出 7 厘米左右的空间。用环保无毒胶水将瓶盖固定好,然后摇动瓶子产生气泡。不倒翁就做好了!

在宝宝俯趴时,把不倒翁放在前方她恰好够不着的地方,以鼓励她向前移动。当宝宝摸到它时,玩具会滚动几下。很有可能她会继续爬向玩具,让它接着滚动。

15 个月大的诺埃尔

诺埃尔坐在厨房的地板上,翻看着她最喜欢的硬板书。她拍着其中一页,抬头看了看正在把餐具装进洗碗机的妈妈,喊道:"妈妈。"

"妈妈干完了活就陪你读书。去把你的球拿过来吧。"诺埃尔的妈妈说。诺埃尔环顾四周发现球在房间的对面。她站起来,朝球走过去,然后蹲下来捡起了球。

"球!"她拿着球大声地叫着,脸上露出骄傲的微笑。

"真棒,诺埃尔,你找到你的球了!"诺埃尔的妈妈说。

13 ~ 18 个月

13 ~ 18 个月大时，你的宝宝会掌握许多技能。如果她还没有开始走路，在这段时间，她很快就会开始独立行走，这意味着她已经从婴儿正式成长为蹒跚学步的幼儿了！随着她走路经验的丰富，她的平衡和协调能力会提高。在你还没有意识到之前，她就会自己蹲下来捡玩具了。在这期间，她的精细运动能力也

蹲下来捡玩具

得到了加强。她会自己抓饭吃、翻硬板书的书页以及堆积木。这些新技能会让她为自己感到相当自豪。

19 ~ 24 个月

你的宝宝到 2 岁的时候，她很可能会跑，会用脚趾走路，会用一只脚踢球，会倒着走，会用蜡笔涂鸦。随着精细运动能力的发展，她同时发展了自己的自我意识，这意味着她在渐渐发觉自己是一个独特的个体，可以独立思考和行动。

2 岁的诺埃尔

诺埃尔坐在她的儿童餐椅上，吃着点心，看着妈妈做生日蛋糕。她看见妈妈在搅拌面糊，于是也拿起她的勺子，模仿妈妈的搅拌动作。电话响了，诺埃尔的妈妈拿起电话说："喂？"诺埃尔看到以后，把勺子放在耳边，模仿妈妈的问候。她在短短两年内成长了好多！

运动发育指标

在本书中，你会发现一些可以帮助你确定宝宝的各项能力是否正常发育的指标。在宝宝成长过程中，你会看到宝宝的每项发育指标是如何在已经发展的能力上达成的。

仔细留意这些事件，但请记住，由于在不同年龄范围内宝宝可能的发展程度范围非常广泛，所以发育指标并不是一成不变的。请记住，每个孩子都是按照自己的速度来发展、成长的。如果在这个发展时间表的确切时间里，你的孩子没有达到这些发育指标，你不需要感到担心。另外，在考虑这些发育指标时，如果宝宝是早产儿，一定要及时更正宝宝的发育年龄。例如，如果你的孩子出生在妊娠 32 周，以妊娠 40 周为基准，你可能需要把她的预期发展比时间表上的时间推后大约 8 周。一旦你的宝宝的发育水平赶上同龄人的平均水平或者到她 2 岁大的时候，你就不需要再按照这个晚 8 周的发展时间去比较了，回归到正常年龄就可以。如果你对宝宝的成长发育有任何问题或疑虑，请你咨询宝宝的儿科医生。

第三章

感官刺激和经历如何塑造宝宝的世界

我们早期的生活经历塑造了我们的大脑，为我们将来的成长和发展奠定了基础。事实上，大脑的发育与我们的感官和运动经验直接相关。可以把大脑看作是一台拥有大量互联网络的计算机。当宝宝探索周围环境时，新的导线会形成从而产生新的连接。

宝宝所听到的语言也会导致大脑中更精细的导线的形成，会增强宝宝的学习能力、思考能力和创造力。他的发展取决于这些经历的质量。只要他可以接受周围环境提供的语言输入和感觉输入，他神经系统中的导线就会持续形成新的连接。这就是为什么在宝宝成长和发育的早期阶段，为宝宝提供丰富的、有着充足游戏和语言活动的感官环境是至关重要的。

当你了解到宝宝的神经系统是如何运作的之后，你就可以在正确的时间用适量的刺激来促进他的发展。把宝宝的大脑看作是一台由专门处理来自周围世界信息的神经系统组成的计算机。宝宝是如何获取这些信息的？借助他的五感（视觉、嗅觉、味觉、触觉和听觉）以及另外三种感官系统——处理运动的系统、告诉他身体部位位置的系统以及让他知道自己内心感受的系统。鉴于宝宝的小脑袋要接收来自各个系统的信息输入，所以这些信息必须被有效地解释、组织和处理，以便他能够做出适当的反应[26]。

了解所有这些系统是如何运作的有益于宝宝的成长和发育。接下来，我们将更详细地讨论一下五感。

视觉

这个令人惊叹的感官系统可以让宝宝看到这个奇妙的世界。但在宝宝刚出生时，他的视觉系统并没有完全发育好。在最初的几周到几个月时间，宝宝一些重要的视觉能力，比如聚焦和眼球的协调运动，才渐渐地发展起来。与此同时，宝宝的手眼协调能力和判断物体的位置的能力也在发展中。当宝宝抬起头环顾四周时，他的视觉感知能力（大脑如何处理所看到的事物）会得到锻炼。而视觉感知能力对于宝宝将来的阅读和写作能力的发展起着重要的作用。

在宝宝出生后的最初几天里，他看到的世界是黑白的，他的眼睛还不能聚焦在附近的物品上，而且只能看出物品模糊的灰色轮廓。在这个时候，因为宝宝调节眼球活动的一些肌肉还没有发育完善，所以他的眼睛看起来还不是那么灵活。他甚至可能会出现对眼的情况，不过不要担心，对于刚出生没多久的宝宝来说，这种现象是很正常的。不用多久，宝宝的目光就会聚焦在你的脸上，再过一段时间甚至就会辨别颜色了[27]。

在最初的几个月里，新生儿喜欢颜色对比强烈、轮廓鲜明的图案，所以在挑选玩具和装饰小宝宝的房间时可以考虑这一点。最初的时候，他只能把焦点放在距离脸部 20 ～ 25 厘米的物体上，但是三四个月以后，他就可以用眼睛跟随移动的物体了。

真心话时间

俯趴时间和爬行对于宝宝近视力和远视力的发展起着重要作用。当宝宝俯趴时，他的焦点常常会从近处眼前的东西转移到远处房间对面的东西上。这项重要的视觉能力将来可以用在很多事情上，比如打球、上课抄写黑板上的笔记等。

宝宝常常躺在你的怀里或俯趴在床上，这会有助于增强他对颈部和头部的控制，从而为眼睛的使用提供一个稳定的基础。而常常趴着玩也为宝宝眼部肌肉的发展提供了机会，同时还会增强他扫视、聚焦和使用双眼的能力。

如你所见，这是一个逐步发展的过程。宝宝对头部的控制需要颈部力量的支持，而宝宝视觉能力的发育则需要以头部控制为前提。这个过程对于宝宝视觉系统的发展来说极其重要。

真心话
时间

美国视力测定协会建议你在房间里来回走动时可以与宝宝进行对话，以帮助促进宝宝视觉系统的发展[28]。你还可以通过本书中的活动，为宝宝提供各种视觉输入。

视觉发育指标

以下是宝宝的视觉发育指标，可以帮助你判断宝宝的视觉能力是否发育正常。请记住，这些指标中的年龄范围只是一个参考，不同宝宝的发育速度是不同的。

0 ~ 2个月

◎眼神漂移没法聚焦，有时会对眼

◎吃奶时会看着大人的脸

◎喜欢黑色、白色和对比明显的图案

◎有一只或两只眼珠位置偏移

◎注意力放在玩具上的时间只持续1 ~ 2秒

◎能够注意到距离眼睛20 ~ 30厘米处的玩具

◎能认出熟悉的人

◎能意识到手的存在

3 ~ 5个月

◎目光可以跟随着玩具越过中线

◎眼睛可以追随着移动的物体运动

◎开始可以分辨出红色和蓝色

◎发展了聚焦能力

◎体验到三维视觉

◎看近处手中的物品

◎看远处的物体或人

6 ~ 8 个月

◎视觉追踪能力在稳步提高

◎模仿姿势和表情

◎目光可以追随下降的物体

◎对着镜子里的自己笑

9 ~ 12 个月

◎视觉能力增强，视觉焦点可以从近处转移到远处

◎视力范围增加到 3 ~ 3.5 米

◎深度知觉开始发展

◎开始很好地判断距离

◎可以准确地抛球

◎继续发展深度知觉

听觉／语言发展

　　婴儿在离开子宫之前就已经熟悉了父母的声音，所以在出生后，听到父母的说话声他就会把头转过来。然而，宝宝的听觉在出生时并没有发育成熟。他的听觉会在出生后的几个月内不断发

展。因此，在这段时间里，常常跟他说话是非常重要的 [29]。

在出生后的前 3 个月里，宝宝会很容易被突如其来的响声吵醒，他会一听到你的声音就开始笑。在 3 ~ 6 个月大时，他会朝着发出声音的方向看或者转头。他也可能很容易就被很响的声音或噪音吓到。不过这个时候，他可以做到重复简单的音节了。

大多数的新手父母不喜欢听到宝宝哭，但是哭对宝宝来说是有好处的。为什么呢？因为婴儿时期的哭闹会为宝宝将来学习说话打下基础。哭闹不仅会锻炼他的声带，还会增加肺活量，使肺功能得到提高。

作为一种交流方式，宝宝可以通过哭闹让你知道他饿了、冷了或者不舒服了。他会听着声音玩乐然后尝试自己发出声音，这个同样也会锻炼他的声带。在最初的几个月里，宝宝会不断地重复几个元音音节。到他 3 ~ 6 个月大时，他会开始发出辅音音节。不久以后他就会开始元辅音掺杂的嘟嘟囔囔了。

要好好利用宝宝天生的交流欲望，鼓励他模仿如"呜""啊""啪""爸""妈"等基本音。当你的宝宝开始嘀嘀咕咕、嘟嘟囔囔的时候，复述他发出的声音然后用这些声音来跟他交流。例如，你可以说："呜，哦 ~ 呜。你是说呜吗？你真棒，宝宝你说的真好。你能跟妈妈说话，妈妈感到特别骄傲。你现在是个大男孩了！"你可以试着改变声调和音调并用生动的声音与表情来吸引宝宝的注意力。此外，为了让宝宝能够清楚地听到你的声音，当你与宝宝交流时，一定要限制背景噪声，比如，很大的电视声和音乐声。

　　6 ～ 12 个月大的时候，你的宝宝会喜欢自己发声。他会发出重复性的声音，舌头经常一点一点的。他还能听懂简单的指令，甚至可能模仿简单的单词和声音，例如，"呜哦""哒哒"和"妈妈"。当然，想要发出这些声音的前提是有敏锐的听觉。因此，定期检查宝宝的听力并避免耳部感染是非常重要的。

真心话时间

　　宝宝的说话和语言能力取决于他的听觉能力，所以，如果你对宝宝的听力有任何的担心，或者关心他语言能力的进步程度，你可以多多跟宝宝的儿科医生交流。

语言发育指标

　　以下是宝宝的语言发育指标，可以帮助你判断宝宝的语言能力是否发育正常。但请注意，由于在不同年龄范围内的宝宝可能达到的发育程度的范围非常广泛，所以不同的宝宝可能会有不同的发育表现。

　　0 ～ 2 个月

　　◎对着熟悉的人微笑或者咯咯笑

　　3 ～ 5 个月

　　◎被逗得大声笑

　　◎听到很大的声音会被吓一跳

　　◎发出咕咕的声音

◎认出你的声音

◎模仿面部表情

6 ~ 8个月

◎对名字做出回应

◎在陌生人面前表现出害羞

◎不断含糊重复着，如"ba，ba，ba"的音节

◎对你声音声调的变化做出反应

◎关注音乐

◎发出两个音节的声音

◎指向想要的东西

9 ~ 12个月

◎对熟悉的词语做出反应

◎试图模仿单词发音

◎说一些简单的词语，如"dada"或者"mama"

◎能理解简单的指令

◎能理解"不"

◎性格活泼好奇

嗅觉和味觉

婴儿天生具有味觉和嗅觉。味觉会在婴儿出生后继续发育，直到24个月左右才发育完善[30]。婴儿的嗅觉在胎儿状态时就开

始发育了，因为气味会穿透母亲的羊水，婴儿实际上可以闻到母亲正在吃的食物的香味。

在婴儿识别父亲、母亲和其他家庭成员并与他们构建联系的过程中，嗅觉起着一定的作用。宝宝的进食也与嗅觉和味觉有关。刚出生时，宝宝就偏好甜味，不喜欢苦味或酸味；而随着他渐渐长大，味觉和嗅觉也将会继续发展。

嗅觉是边缘系统的一部分，能够触发人的情绪。因此，如果使用芳香疗法刺激边缘系统的神经细胞，可以直接影响到人的情绪和整体的警觉性。这是因为边缘系统连接着控制呼吸、心率和血压的大脑部位。某些特定的气味甚至会引起特定的情绪反应，例如，薰衣草的气味有着镇静作用。有趣的是，研究发现婴儿对带有香味的玩具更感兴趣 [31]。

真心话时间

研究表明，宝宝在出生后能立即辨认出母亲的气味；幸运的是，母亲自身的气味可以让宝宝平静下来。

触觉

触觉系统可以帮助宝宝了解他所处的环境并建立身体意识。触觉输入在发展精细运动、发音清晰度和视觉感知能力（大脑如何处理我们所看到的事物）方面起着重要作用 [32]。

皮肤作为人体最大的器官，可以让我们感受触摸和被触摸，这是宝宝成长发育过程中很重要的一部分。你可能听说过这样的故事，在孤儿院里长大的孩子在小的时候从来没有被别人触摸或者抱在怀中过。因为这些孩子经历的触觉、声音、视觉刺激以及互动都很有限，他们的大脑实际上比在正常家庭环境中长大的孩子的大脑要小。由于这些孩子被剥夺了感官输入，他们的神经系统没法正常地发育，因而导致严重的发育迟缓，有时甚至会导致死亡。

真心话
时间

触觉是人体最大的感官系统。我们会感受到深压、轻触、震动、热和冷。

随着宝宝的成长和发育，他会不断地去咬或抓自己的手和脚，甚至是毯子和玩具。宝宝为什么会这么做？这是因为他想去感受这些不同的触觉体验。

事实上，刚出生时，新生儿口腔里的感知能力要比其他部位发育得好。因而，宝宝用嘴巴去探索自己的身体和去体验不同的感觉及质地就不令人奇怪了。

随着宝宝通过咬和触摸来探索，他们会渐渐了解到身体的界限，这是建立自我意识的开端。即便逐渐成长到学步期和幼年期，宝宝依然会用咬和触摸的方式来探索世界。

动觉

动觉，也被称为前庭系统，是响应前进、后退和旋转动作的感觉系统。前庭系统掌管平衡感，会通过内耳内的神经末梢来检测运动和重力。通过运动系统，我们得以掌握方向、意识到身体所处的位置。该系统与身体的许多部位相互联系，并影响身体的许多功能，包括肌肉张力、姿势控制、平衡，以及眼部和颈部的肌肉。与触觉系统一样，前庭系统也是在婴儿早期发展阶段就发育成熟的系统之一 [33]。

真心话时间

前庭（运动）系统，在胎儿 6 个月的时候开始发育，是人体第一个发育成熟的感官系统。

本体感觉系统

除了触觉和动觉，人体还有一种感官系统叫作本体感觉系统。这个复杂的术语指的是人对肌肉、关节位置和平衡能力的自我认知。

我们的肌肉和关节内有微小的传感器，通过传感器我们可以了解身体所处的位置，为运动和保持平衡提供必要的反馈。除此以外，这些传感器还可以帮助我们更好地通过移动来探索世界。一些传感器在宝宝刚出生时就完全起作用，而其他的则随着时间的推移而逐渐发展 [34]。

但这究竟意味着什么呢？可以这么想：在肌肉、关节、肌腱和内耳中的感觉神经末梢会接收关于身体所处位置的信息，并不断地与大脑进行交流，告诉大脑身体所处的位置以及身体是如何移动的。这个系统的运作与触觉和动觉密切相关。事实上，如果没有这个系统，我们就很难完成涉及运动以及对姿势和平衡有一定要求的活动。

真心话
时间

宝宝的本体感觉系统在出生前就会形成并且开始发挥作用。该系统会随着年龄的增长而逐渐发展。

内感受系统

内感受系统的功能是控制体温、情感认知、饥饿、口渴、心率、消化系统以及肠道和膀胱功能。当该系统不能正常发挥作用时，你的孩子可能在保持警觉、维持体温以及学习如何上厕所上会遇到困难。

因为这个系统会感知来自体内许多器官的输入，并会不断地与中枢神经系统进行交流，所以它可以帮助我们感觉到每天身体内部的状态变化[35]。

把一切结合在一起：感觉统合

随着宝宝的成长和不断探索，他的大脑会逐渐变得更有效地协调各种感官系统的输入，比如协调来自视觉、听觉、平衡觉、触觉和动觉的信息。大脑对这些信息进行解读和组织并对这些信息做出适当的反应，被称为感觉统合。所以，如果其中一种感觉受损（例如，宝宝对于触摸过度敏感或者不太敏感），可能就会影响宝宝感觉统合的过程。这些特征通常被认为是感觉处理障碍，与其他的发育和行为障碍也有关联[36]。

如果你的宝宝出现以下几种症状，请与宝宝的儿科医生进行沟通。

触觉

◎抵抗被触碰，被抱起时可能会躬着身子

◎一旦烦躁不安，很难平静下来

◎抗拒俯趴

◎不好好吃饭

◎很难入睡且睡眠时间持续不长

◎洗澡换尿布时不配合

视觉

◎展现有限的眼神交流

◎对太阳光以及某些光线很敏感

听觉

◎在嘈杂的环境中会变得急躁

◎很少咿咿呀呀或几乎不出声

味觉／嗅觉

◎挑食

◎吃某种食物或闻到某种味道会干呕或呕吐

动觉

◎运动能力如滚动、爬行或扶墙走发育迟缓

◎不喜欢头部向后倾斜

◎不喜欢意外的动作如被抛到空中或被来回摇动

◎表现出过度活跃或者及其不活跃

◎如果把头转向一侧看别的地方，就会失去平衡

◎固定在一个姿势上，看起来不知道如何移动

◎肌肉张力很小，很容易累

◎伸手能力和手部动作发育迟缓

◎用来探索身体部位的方式很少

◎表现出很差的平衡性 [37]

第四章
确保宝宝的安全睡眠以及练习俯趴

我经常听到妈妈们或者宝宝的姥姥们说:"我所有的孩子们都是趴着睡觉的,他们一切正常没出什么事啊。"我当然相信她们的话,不过那是在科学研究发现宝宝趴睡导致婴儿猝死综合征的可能性是仰睡的 12 倍之前 [23]。你可能不太了解什么是婴儿猝死综合征,它指的是健康宝宝睡眠时发生的意外死亡。

1992 年,美国儿科学会正式建议所有婴儿仰睡或侧睡,以减少婴儿猝死综合征的风险。之后,由于婴儿在睡眠时容易从侧睡翻身成趴睡,所以也不再推荐婴儿侧睡 [38]。幸运的是,自从推荐"仰卧睡眠"以来,美国现在大多数的婴儿睡觉时都采取仰卧姿势。

真心话
时间

为什么美国儿科学会"仰卧睡眠"的建议如此重要，它又是如何影响婴儿发育的呢？1994年，美国国家儿童健康与人类发展研究院发起了仰卧睡眠的营销活动，以增加对仰卧睡眠姿势的宣传。活动传达的信息非常简单：指导父母、看护人员和医疗保健专业人员让健康的婴儿采用仰卧的睡姿。美国国家儿童健康与人类发展研究院（NICHD）在电视上播放商业广告，在收音机上播放公益广告，甚至在全国各地的公交车上投放广告，来强调"仰卧睡眠"的信息。因为这次宣传活动的巨大成功，自20世纪90年代初起，死于婴儿猝死综合征的婴儿数量大约减少了50%[39]。仰卧睡眠因而被证明是挽救婴儿性命的简单而有效的办法。

降低因睡眠问题所导致的危险

仰卧睡眠的建议最初是由美国儿科学会提出的，直到现在他们仍然倡导这个建议。在2011年，他们又提出了许多可以帮助父母们保证宝宝安全睡眠的建议。这些建议的目标是降低因睡眠问题而导致的婴儿死亡，这包括了婴儿猝死综合征、窒息以及其他一些不明原因的死亡。

我期望每位父母、看护人员熟记下面的这些建议[40]。

◎遵从"仰卧睡眠"的建议。保证宝宝采用仰卧的睡姿，尽量避免侧卧的姿势以免宝宝睡觉时翻身成趴卧。

◎让宝宝睡在坚实平坦的表面上。保证宝宝使用的是经过安全验证的带硬床垫的婴儿床，上面铺着跟床垫紧密贴合的床单。

◎不要在婴儿床上放柔软的物品和松散的床上用品——不要在床上放缓冲垫、柔软织物、毛毯、枕头、棉被、羽绒被或带毛的羊皮等可能会遮盖住宝宝头部的物品。恰恰相反，宝宝睡觉时除了身上的衣服，什么都不需要盖。

◎让宝宝单独睡在不远的地方。宝宝睡觉时和父母同屋不同床会大大降低发生婴儿猝死综合征的概率。可以将宝宝的婴儿床或摇篮放在你的床附近（距离你一个手臂的距离）。

◎不要在怀孕期间吸烟或者在宝宝身边吸烟。二手烟会增加宝宝患婴儿猝死综合征的风险。

◎怀孕期间避免饮酒或使用非法药物。母亲在产前和产后饮酒或使用非法药物会增加宝宝患婴儿猝死综合征的风险。

◎不要热着宝宝。宝宝睡觉时应穿轻薄的衣服，室内温度也应保持舒适，不宜过热。

◎可以考虑让宝宝小憩时和夜间睡觉时嘴里含着奶嘴。睡觉时含着奶嘴会降低宝宝患婴儿猝死综合征的风险。

◎使用婴儿床或摇篮。切勿让宝宝睡在沙发、扶手椅、靠垫或成人床上。（注意：除了婴儿床垫以外的其他床垫都不适用于婴儿。）

◎避免购买某些装备可以降低宝宝患婴儿猝死综合征的风险。研究表明，使用婴儿睡姿定型枕（带侧垫的扁平或楔形的枕垫）可能会导致宝宝窒息死亡。因为宝宝可能被困在定型枕之间或者定型枕与婴儿床或摇篮之间，从而导致窒息。

◎不要让宝宝和别人共用一张床。与宝宝自己一个人睡相比，和别人同床更危险。因此，美国儿科学会建议婴儿在睡觉时不要与父母或兄弟姐妹同床。

◎推荐母乳喂养。母乳可以降低宝宝患婴儿猝死综合征的风险。

◎孕妇应定期接受产前检查。母亲定期接受产前检查的宝宝患婴儿猝死综合征风险较低。

◎不要依赖借助家庭监视器来降低宝宝患婴儿猝死综合征的风险。没有证据表明家庭监视器会减少猝死意外的发生。

◎实时更新疫苗接种。这会降低宝宝患婴儿猝死综合征的风险。

◎和所有关心宝宝的人一起阅读这份建议指南。这其中包括儿童看护员、保姆、宝宝的祖父母和朋友。确保每个照顾宝宝的人都知道这些建议。

保证宝宝的安全：请不要使用床上婴儿篮

　　为了方便就近照顾宝宝，许多妈妈们会使用床上婴儿篮。但是迄今为止，美国消费品安全委员会还没有制定针对这类产品的安全标准[41]，而且美国儿科学会也不建议使用这类产品。使用床上婴儿篮会有导致宝宝窒息的危险，而且父母在睡觉时可能会翻身压到宝宝导致宝宝死亡。美国儿科学会建议宝宝单独使用一个全尺寸的带围栏婴儿床。

扁头综合征的发病率增加

　　"仰卧睡眠"运动挽救了成千上万的婴儿的生命。但引人注意的是，在发起"仰卧睡眠"运动的几年后，儿科医生和治疗师们发现被诊断为扁头综合征的婴儿数量急剧增加。他们还发现，越来越多的婴儿在翻滚和爬起等大运动能力的发展上略显迟缓[42]。是什么造成了这种改变？在推荐"仰卧睡眠"之前，宝宝们大部分时间是趴在地板上的毛毯上玩耍，但是这一情况在此后得到了改变。似乎是因为担心婴儿猝死综合征，父母们不再让宝宝趴着玩耍[43]。因此，1996年，美国儿科学会采取了相关措施，正式建议父母让宝宝在有人陪伴的情况下俯趴玩耍。这么做不仅会促进宝宝的生长发育，还可以防止宝宝患上扁头综合征。

　　不幸的是，即使在美国儿科学会推荐俯趴时间以后，仍然有越来越多的宝宝出现运动能力发育略迟缓和头部畸形的情况[44]。

为什么如此多的父母不能给宝宝提供他们需要的俯趴时间？原因可能在于对"仰卧睡眠"的过度强调，导致许多父母误解了美国儿科学会的建议，担心宝宝在趴着玩耍时可能会发生婴儿猝死综合征。虽然"仰卧睡眠"的信息已经很好地传达给了父母，但宝宝对俯趴时间的重要需求也需要传达给宝宝的父母和看护人[45]。

作为一名儿科作业治疗师，我经常被问到："俯趴有什么用？"我总是会向他们解释俯趴在多个方面的重要性。俯趴可以帮助宝宝发展神经系统，并锻炼颈部、肩膀、手臂和躯干的肌肉。而这些肌肉在宝宝发展翻滚、爬起和坐直等基本运动能力中起着关键的作用。

不幸的是，许多父母仍然没有意识到宝宝俯趴的重要性，而且许多宝宝不喜欢趴着。在我进行的一项研究中，我去了四家儿科诊所，对等在诊所候诊室里的父母和看护宝宝的人做了一个调查。我询问他们是否知道美国儿科学会鼓励宝宝俯趴的建议，是否知道没有充足的俯趴时间可能会导致一些并发症，以及宝宝每天俯趴的时间有多少。（美国儿科学会建议宝宝从出院回到家的第一天开始练习俯趴，而且最好是在宝宝换完尿布和小憩之后进行俯趴[46]，每天 2 或 3 次，每次持续 3 ~ 5 分钟。之后，随着宝宝越来越适应俯趴的姿势，时间可以逐渐延长，直到达到每天 40 ~ 60 分钟。）

对于我的研究结果我感到很惊讶。我发现，25％的被调查者不知道美国儿科学会提出的俯趴时间的建议，也不了解缺乏俯趴时间可能会导致的并发症。在了解俯趴时间重要性的被调查者

困难的俯趴时间

劳拉把女儿玛蒂从婴儿背带中抱出来，放进自己怀里。她们刚从儿科诊所回来，已经两个月大的玛蒂的健康检查结果非常好。仅仅一个月的时间，她就增重了约800克，长高了4厘米！

就劳拉而言，在与儿科医生的交流中，唯一令她不安的是他们关于玛蒂俯趴时间的讨论。儿科医生提醒劳拉，玛蒂应该在有人陪伴的情况下俯趴着玩耍，而且每天需要至少俯趴3或4次，每次至少15分钟。但劳拉跟医生说玛蒂很讨厌趴着，一趴下就开始哭。不过医生说玛蒂一定会渐渐习惯的。他告诉劳拉要循序渐进，一点一点地增加俯趴时间直到可以达到每天4次、每次15分钟。

"好吧，我们开始。"劳拉一边说一边把玛蒂小心地放到床上让她俯趴着。劳拉抓起附近的摇铃，摇了摇来吸引玛蒂的注意。玛蒂把头转向一侧。几秒钟后就低下了头，鼻子贴到了床单上。在把头转向另一侧后，玛蒂开始抽抽嗒嗒的哭起来，没过几分钟就变成嚎啕大哭了。

"算了算了。"劳拉喃喃地说。她抱起哭泣的玛蒂然后开始哄她。"我不能就这么看着她哭。俯趴不值得。"

你会对劳拉的经历产生共鸣吗？

中，有35％的人表示他们的宝宝不喜欢趴着玩耍。因而，即使这些父母以及宝宝的看护人了解这些因俯趴时间过少而可能导致的并发症，当他们的宝宝哭闹时，他们还是会缩短俯趴的时间——缩减至每天15分钟或者更短！[47] 父母们一致表示，一旦让宝宝趴着，宝宝就会大哭大闹，例如，其中一位家长说："我家宝贝特别讨厌趴着，她一点也不愿意趴着，每次我尝试让她趴着，她都尖叫！"我能听出这些父母们声音中的沮丧。

　　因为我经常接触到那些讨厌俯趴的宝宝，我特别了解他们的这种挫败感。但是我知道，随着时间的推移以及使用一些简单有效的技巧，任何宝宝都能适应俯趴。这些技巧既不会让宝宝和家长遭罪还能帮助宝宝适应俯趴。事实上，你和宝宝甚至会很享受这个过程，因为俯趴时间提供了一个可以与宝宝一对一玩耍的机会！

俯趴和侧躺

　　如果你的宝宝不习惯俯趴——即使她已经习惯了——推荐你与宝宝一起进行以下游戏活动。

活动1：肚子贴肚子

　　你和宝宝还没出院的时候就开始让宝宝俯趴是一个很好的主意。宝宝开始的越早，适应的也会越好。事实上，在宝宝脐带脱落前，你可以让宝宝趴在你的肚子或者胸口上，而你斜躺在椅子、床或者地板上（头下垫一个枕头），让宝宝的肚子贴着你的肚子。

保证宝宝的安全：请避免使用侧拉式婴儿床

2011 年，美国消费者产品安全委员会禁止生产和销售一侧围栏可以上下移动的侧拉式婴儿床。支撑这类婴儿床侧面围栏的硬件有时会故障，导致这个侧面脱离形成一个空隙，婴儿容易卡在其间，造成窒息。这种情况在侧栏没有上下移动的情况下也有可能发生。不幸的是，自 2000 年起，侧拉式婴儿床至少造成了 30 名婴儿死亡。大家最好购买 2011 年 6 月以后生产的婴儿床；然而，如果你已经买了侧拉式婴儿床，你可以从制造商那里购买配件将侧拉围栏固定。注意：如果家里的婴儿床已经使用超过 10 年，请你及时更换，因为它很可能已经不符合当前的安全标准了 [48]。

利用这个绝佳的机会，好好地跟新生儿维系感情，多做眼神交流。用生动活泼的语气和夸张的表情来吸引她的注意力。肚子贴肚子是母亲与孩子之间建立亲密关系的特殊时刻。

肚子贴肚子

活动 2：大腿时间

你也可以让宝宝横着趴在你的大腿上，同时用一只手托着宝宝让宝宝俯趴可以很好地活动她的脖子、下巴和嘴巴上的肌肉。在俯趴时，宝宝需要伸展脖子向上看以及向周围看——这可以锻炼将来发展说话和语言能力所需要的肌肉。为了促进这种伸展，你可以拿着彩色的玩具或者摇铃保持在宝宝视线上方一点点的位置，这样的话她就必须抬头才能看到。

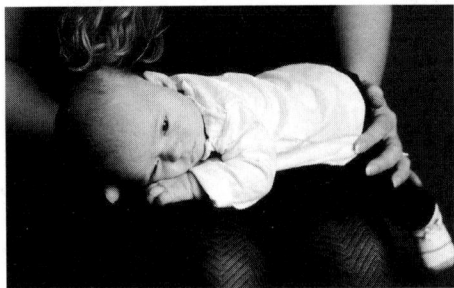
大腿时间

的头部。一定要确保宝宝头部的高度与身体保持水平。如果宝宝在这种状态下睡着的话，就把她转移到床上（但要调整成仰卧的睡姿）。宝宝趴在你的大腿上时，你还可以缓慢地抬起和放下你的大腿，然后再缓慢地左右摇晃，以提供给宝宝更多的刺激。这些晃动可能会帮助你让宝宝安静下来。

宝宝一天中需要接触很多不同材质的东西，而俯趴时间则是完成这项任务的绝佳机会。因为当宝宝俯趴时，她的肚子、腿、胳膊以及脸上的皮肤都会接触到她所躺的表面。宝宝通常情况下是趴在干净的地板上、睡垫、或者不同材质的毯子上。（注意：当婴儿在毯子上爬动时，毯子应该被固定住，以免滑动。）当她在这些物体表面上移动身体、胳膊和腿时，所产生的摩擦力让她知道身体所处的位置。此外，俯趴也会帮助宝宝增强力量和提高灵活性。让宝宝穿着套装（如连体衣）俯趴，可以让宝宝感受到覆盖在胳膊和腿上的衣服的各种材质。更好的选择是，在房间足够温暖的情况下，让宝宝只穿尿布！

理疗师 Roxanne Small 在她的著作《让孩子更好》一书中，建议把宝宝放在光滑的表面上，如干净的地板上。光滑的表面可以给宝宝提供积极的感官体验，并且由于与其他类型的地板相比，光滑表面产生的摩擦更小，宝宝移动手臂和腿时会更容易，因而有助于宝宝适应俯趴的姿势。为了让宝宝感受到完全不同的感官体验，把宝宝的衣服都脱掉只剩下尿布，然后往宝宝的躯干和四肢上抹少量的葡萄籽油[49]。（注意：只能使用宝宝以前用过的油或乳液，或者事先向宝宝的儿科医生咨询如何测试宝宝是否对这些物质过敏。）

俯趴还可以让宝宝以一个全新的视角来探索周围环境。当宝宝仰卧时，无论周围的环境什么样，她只能看到天花板。但是当宝宝俯趴时，她会用力抬起头，看到视线范围内的物体。她看到的是一个完全不同的世界——从一个新的视角！

真心话时间

宝宝第一次体验材质、大小、形状、阴影和颜色是通过视觉探索完成的，所以经常为宝宝提供视觉刺激对于宝宝的成长发育来说是很有益处的。适当的视觉刺激有助于宝宝视觉能力的发展，而在年幼时具有强大的视觉能力会促进宝宝注意力的集中和好奇心的增强。

一个重要的提醒：一旦你的宝宝开始俯趴，一定要做好监督工作。在这个注意力容易分散的世界里，你的手机可能会响起，你可能会被叫到另外一个房间。但是，一定不要离开宝宝的身边，因为美国儿科学会建议宝宝俯趴时需要父母在身边陪同。如果你的宝宝是早产儿或有反流性疾病或有什么特殊需求，请与宝宝的儿科医生交流。有些宝宝需要得到特别关照。

借力侧躺。在使用支撑垫时，要时刻保持监护

活动3：借力侧躺

如果你的宝宝不能适应俯趴的姿势，那么侧躺是一个很好的选择。让宝宝侧躺在毯子上，如果需要的话，可以在她的背后放一条卷起来的毛巾来支撑。如果她的头部需要支撑，可以在她的脑袋下面放一条小的折叠的面巾。宝宝的双臂应该放在她的前面，双腿应该向前伸，膝盖弯曲，确保宝宝处于一个舒服的姿势。不要忘记用有趣的玩具来分散宝宝的注意力，或者在她侧躺时给她念有趣的书。

最好是在每天固定的时间让宝宝俯趴和侧躺，例如，小憩后、洗澡后或换完尿布后。一定要做好计划，每10～15分钟就改变宝宝的姿势。

请努力尝试让宝宝在一天的时间里练习各种姿势，包括在你怀里和在膝盖上的时间。请记住，宝宝渴望与父母进行情感上的互动和交流。我希望你能够让宝宝多多进行俯趴和侧躺，并最终体验到它们对宝宝成长发育的益处。

**真心话
时间**

注意寻找宝宝喜欢的东西，可以是一首歌或者她最喜欢的摇铃，然后用上这些东西！必要时，在宝宝俯趴或者侧躺时通过这些工具来娱乐宝宝，分散宝宝的注意力。现在有许多简单的产品可以用来吸引婴儿，比如宝宝专用镜子和益智玩具。选择宝宝喜欢的玩具，然后在她俯趴和侧躺时一次只拿出一个；不过更佳的做法是，为你的宝宝提供本书中介绍的手工玩具。

你会看到，当这些有趣的东西在附近的时候，宝宝会更愿意去倾斜身姿，转移身体的其他部位并尝试伸手去抓它们——这正是你想要她做的！承担重力和伸手增强了宝宝的肌肉力量，能够让宝宝做到从地板上挺起身子并伸出肘部。这是宝宝爬行发展过程中的又一进步。

对俯趴的抗拒

如果你一直等到宝宝 1 个月大以后才开始尝试让她趴着，那么当她趴着的时候，她很可能会哭闹。许多宝宝不喜欢俯趴仅仅是因为她们还没有习惯肚子着地。宝宝的脖子、肩膀和背部的肌肉力量可能还很弱，这使她很难抬起头。如果她的肌肉或者关节很松弛或者紧绷的话，俯趴对她来说很可能就会特别困难。

因为这些因素，你的宝宝可能会通过哭泣或拒绝抬头来抗议。如果宝宝非常烦躁不安，不要强迫她进行俯趴。相反，应该在宝宝休息好、吃饱、换上干净的尿布并且精神抖擞的状态下，开始俯趴。刚开始可以每小时俯趴一次或两次，每次坚持30 ~ 45秒，然后再逐渐增加时间。一定要确保宝宝也侧躺足够的时间，因为这个姿势会减轻宝宝后脑所承受的压力。

通过仔细倾听宝宝的抗议和观察她的肢体语言，你会知道什么时候该增加她的俯趴时间。记住，因为俯趴对于宝宝来说不是一件容易的事，她最初的时候可能会嘟嘟囔囔或发出奇怪的声音，

小贴士 兄弟或者姐妹?

你的宝宝有兄弟姐妹吗？假设当宝宝在俯趴时，她的兄弟姐妹们就在旁边玩耍。这很可能会让宝宝分心，忘记俯趴的不适，然后使俯趴时间保持得更长。可以让宝宝的兄弟姐妹们故意出糗或者唱歌来娱乐宝宝。

一定要仔细倾听，确定她是在费力地维持姿势还是真的不舒服。

从一点点开始，慢慢进步。通过逐渐地增加俯趴的时间，宝宝通常能在短时间内适应这个姿势。

找一个宝宝喜欢的活动，陪她玩！如果她抗拒俯趴，就用她最喜欢的摇铃或歌曲来分散她俯趴时的注意力。通过频繁的休息，逐渐增加宝宝俯趴的时间，同时使用书中推荐的各种技巧，宝宝就会慢慢地适应俯趴。把俯趴对宝宝的益处铭记在心。随着宝宝每天不间断地俯趴，她的脖子、背部和手臂的肌肉会持续地变得更加强壮。不过需要再次强调的是，宝宝的玩具一定要选色彩丰富的。

要注意，有些宝宝不喜欢俯趴的原因可能是胃部有问题，如胃食管反流，而俯趴实际上会帮助有这种情况的宝宝。如果你的孩子出现胃食管反流的情况，一定要咨询宝宝的儿科医生。

帮助宝宝适应俯趴的关键是循序渐进，以及分散注意力、分

小贴士　俯趴工具箱

为宝宝制作一个装满各种玩具的"俯趴工具箱"。准备一个小篮子或小袋子，里面放满宝宝最喜欢的玩具，这样你要用时就可以随时拿到了。确保这个"工具箱"是便携式的，以便出门时可以随身携带。注意里面不要装太多的玩具，当发现宝宝开始厌倦里面的东西时，要马上换上新玩具，因为宝宝总是会觉得新奇的事物很有趣！

散注意力，还是分散注意力。要知道，这种姿势对婴儿来说是很有挑战性的，尤其是那些从小就不常接触俯趴的宝宝。使用书中建议的这些小技巧，把宝宝俯趴的时间融入到她的日常习惯中。请你尽量不要气馁，宝宝可能会感觉到你沮丧的情绪，从而让你们都变得更紧张。是的，烦躁不安、哭哭闹闹的宝宝是很令人苦恼的，但不要一听到宝宝哭就立马放弃让宝宝俯趴。唱唱歌，做做鬼脸，或者拿出宝宝最喜欢的玩具来分散宝宝的注意力。要记住，俯趴时间可以提供给你一个与宝宝进行亲密交流的特殊机会。

此外，还要记住，宝宝仰卧时的玩耍也是很重要的。尤其是当宝宝已经趴了一定的时间，将她换成躺着玩耍的姿势是一个很好的选择。当宝宝仰躺时，她会有机会去探索她自己的手和脚，这将对宝宝的眼手和眼脚协调能力的发展起到重要作用，而且会有助于她身体意识的形成。

当你看到宝宝因俯趴而获得技能上的进步时，你可能会对宝宝的俯趴时间变得更热情。所以，请好好享受你与宝宝在一起的时间，你的宝宝很有可能会被你的热情感染！

小贴士　养成定时进行俯趴的习惯

在宝宝每次换完尿布后或者每天晚上睡觉前，让宝宝进行俯趴，以帮助宝宝养成定时俯趴的习惯。制定一份时间表可以帮助宝宝更容易地记住俯趴时间，也可能会更加期待接下来的活动。

第五章

防止位置性颅骨畸形

马丁斯的女儿莉齐是早产儿。因为早产儿的头骨比足月新生儿的头骨要柔软，而且他们自己往往没有足够的颈部力量来转动头部重新调整位置——这使得莉齐睡成扁头的概率大大增加了。

在这种情况下，莉齐从还在母亲的子宫里时头部就开始变得略微扁平，这是由于她把头部依靠在母亲的盆骨上造成的。等到莉齐出生时，她的右脑已经变得很明显的扁平了。莉齐是一个很难取悦的宝宝，她不喜欢被抱着或被轻拍安慰。莉齐的母亲詹妮弗发现，让莉齐安静下来的少数几件事情之一是待在婴儿秋千椅上。这个秋千椅最棒的地方是，它的摆动可以帮助莉齐入睡！一旦莉齐睡着了，詹妮弗会尽量不把她吵醒，而是通常让莉齐在秋千里小睡一会儿。

不幸的是，由于莉齐在秋千椅里是躺在一个斜面上，而作为一个小婴儿她还不能很好地控制自己的身体，这使得她的身体呈瘫倒状。而且她在睡觉时习惯性地将头部歪向出生前就已经扁平的右侧。

你是否曾经在超市排队结账时，注意到前面被父母抱在怀里的宝宝头部后面或侧面有一块很明显的扁平？很可能你确实看到过；由于仰卧睡眠、俯趴时间有限以及过度使用婴儿装备等因素，这种情况很可能会更频繁地发生。

在许多宝宝出生之前，父母往往会花费大量钱财购买许许多多的婴儿用品，包括婴儿装备、床上用品和玩具。当然，在宝宝出生之前把一些必需品准备好是一个很好的做法，但是现在你应该知道为什么我们需要仔细思考哪些才是宝宝真正需要的东西。

尽管婴儿用品种类、数量的激增给我们的生活带来了一定的便利，但这并不一定是好事。婴儿用品行业希望父母们相信养育孩子意味着需要花大量的钱给宝宝买昂贵的家具、衣服和装备，以确保宝宝安全、时尚和聪明。但是你的宝宝真的需要所有的这些东西吗？

许多宝宝把大量的时间消磨在婴儿摇椅、秋千椅和婴儿背带等设备上，但是，正如我所强调的那样，这些产品在家里的过度使用可能会对宝宝的感官发展和运动能力发展造成负面影响。因为可拆卸的汽车安全座椅可以兼作婴儿背带，所以它可能会造成更严重的问题。宝宝有没有在你忙的时候在车上的安全座椅里睡着了？到了家的时候，你用婴儿背带把宝宝带进屋里，并且让宝宝留在背带里面继续睡，因为你不想叫醒他？如果你的答案是"是"，请不要再这样做了！

如果你这样做了，首先，宝宝容易变成一个浅眠者。宝宝最好能够学会从一个地方移动到另一个地方以后如何重新入睡。当然，如果你还有其他事情要忙，把宝宝继续留在背带中睡觉，对你来说是很省事的。然而，当宝宝的头部停留在背带、秋千椅或婴儿车的同一位置上的时间太长时，压力可能会导致宝宝的头部变得扁平。不要忘了宝宝在这么小的时候头骨是多么的柔软柔韧。除此以外，作业治疗师苏珊·劳斯特认为，宝宝的身体受背带限制而呈现出的弯曲姿势不利于宝宝运动能力的发展，而且背带倾斜的表面可能会导致宝宝跌倒，因为宝宝的头部和躯干得到的支撑有限。最重要的是，请记住：美国儿科学会建议婴儿睡在一个坚实、平坦的表面上。汽车安全座椅的椅子和肩带可以在发生碰撞时很好地保护您的宝宝，但请减少宝宝使用安全座椅的时间。

> **小贴士　请不要坐在托儿所的塑料设备里**
>
> 　　如果你的宝宝上了托儿所，要确保班里的老师知道他应该仰卧睡觉和俯卧玩耍。老师还应该限制宝宝躺在看护枕上的时间以及躺在活动垫上玩游戏的时间。要告诉老师，与待在各种婴儿设备中一整天相比，你更倾向于让宝宝俯趴足够的时间。

婴儿装备的使用和发展

有趣的是，研究甚至已经揭示了婴儿装备与发育量表的得分之间的关系[50]。这意味着花费更多时间在婴儿装备上的宝宝，在运动能力量表上的得分比花费时间少的宝宝低。

　　显然没有父母希望看到自己孩子的发育因为婴儿装备的过度使用而受到阻碍。如果你考虑到了使用这些装备的风险，特别是会造成扁头和运动能力发育迟缓等问题，应该可以说服你限制宝宝待在这些塑料装备中的时间！我建议宝宝在摇椅、秋千椅或类似的设备里的时间每次不要超过 15 ～ 30 分钟。不要让宝宝在这些塑料设备上花费的时间每天超过 2 ～ 3 个小时（总共），记住，时间越短越好。（如果你在旅行途中或者开很长时间的车上班，想办法调整宝宝每天的时间表来弥补连续坐在安全座椅上的时间。）最重要的是，当和宝宝一起乘车旅行时，始终都要使用汽车安全座椅。

位置性颅骨畸形和斜颈

　　位置性颅骨畸形的医学术语是枕骨斜头畸形（occipital plagiocephaly）。枕骨斜头畸形的正式定义是"斜头"。从上向下俯视头部，会发现宝宝的头部呈平行四边形，这是由于头部一侧受到不间断的压力而造成的[51]。枕骨畸形也可能是由于长时间的仰卧造成的后脑平坦不匀称，从而导致变形的头型。后脑的高度也可能会被挤压变长[52]。

　　出现这些情况是因为如前所述，宝宝的颅骨非常的柔软和柔韧。柔软的头骨可以让宝宝的头部在出生以后继续发育，尤其是第一年里宝宝大脑经历了惊人的发育过程。然而，当宝宝长时间待在一个位置时，压力会阻止头骨发育成正常的形状。不幸的是，

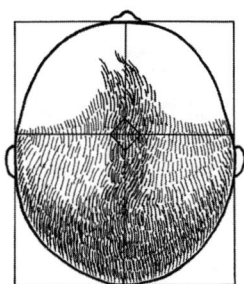

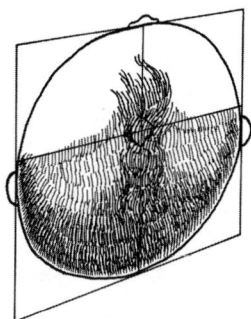

正常头型　　　　　　　斜头，一只耳朵向前

有些宝宝总是喜欢在睡觉时和坐着时脑袋朝着同一个方向，这可能是颈部一侧的肌肉比较紧绷的缘故[53]。不管原因是什么，当头部不断地压向一边或不断地压向正中心时，持续不断的压力会把头骨的一部分压平。这种情况会在宝宝出生后的两个月内迅速发生或者在 3 ~ 6 个月内逐渐发生。除此以外，位置性颅骨畸形的形成可能还与头胎、早产、有限的俯趴时间，以及宝宝睡觉时头部位置一直保持不变等因素有关[54]。

真心话
时间

　　在被诊断出患有斜颈或颈部肌肉紧绷的婴儿中，约有85%的婴儿同时患有斜头畸形[55]。

　　如果宝宝在子宫内姿势不正受到挤压，他可能会患上先天性斜颈。在这种情况下，宝宝一侧的颈部肌肉会比另一侧短，导致脖子弯成一个扭曲的姿势——头部歪向一边而下巴指向另外一边。这会导致位置性颅骨畸形的形成。因为宝宝总是会把头歪向同一侧，因而总是同一侧承受压力[56]。斜颈可以在理疗师或者作业治疗师的指导下，通过在诊所以及在家由父母陪伴进行的伸展练习而得到改善[57]。如果你怀疑宝宝有斜颈，请立即咨询儿科医生。同理，如果宝宝睡觉时总是仰卧，后脑一直持续受压，他就有患斜头畸形的危险，这可能会导致将来的一系列问题，如戴不上运动或工作时会用到的安全头盔。如果你看到宝宝做上面提到的那些事情，请与儿科医生进行讨论。

照料宝宝的正确姿势

活动 1：在一起

尽可能频繁地与宝宝保持亲密的身体接触。柔软的前抱式婴儿背带是一个完美的选择，因为宝宝能真切地感受到父母的心跳，而且感受心脏的跳动对宝宝感觉系统的发展是有好处的。前抱式婴儿背带会让宝宝感受到熟悉的舒适感，会让宝宝想起在子宫里时的感觉，然而宝宝仍然会用到他的肌肉，并且在背带里接收各种感官反馈。有趣的是，研究表明，以这种方式抱宝宝甚至会促进宝宝对父母的依恋[58]。当宝宝长大一点时，可以用后背式婴儿背带，这种背带会对宝宝的头部控制和视觉发育很有好处。这给宝宝提供了一个机会可以让宝宝在父母四处走动时抬起头，环顾周围的环境。这种背带的另外一个好处就是解放你的双手，这样即使宝宝在你身边时你也可以从事正常的日常活动。但要注意的是，不要过度使用背带。如果你发觉背部疼痛或疲劳，那就意味着该休息了。同时，也要注意宝宝是如何把头靠在你身上的；如果他有偏爱的方向，一定要经常给他换到另外一个方向。

保证宝宝的安全：柔软的婴儿背巾

最近几年，出现了好几起因使用柔软的婴儿背巾而导致的婴儿死亡和受伤的事件。婴儿可能会从背巾里掉下来，而且年龄较小（小于 4 个月）的婴儿，因为对头部的控制能力还很有限，在背巾里可能会有窒息的危险。在抱宝宝出门时一定要小心，要仔细阅读产品信息然后选择符合宝宝发育水平的前抱式或后背式婴儿背带。使用背巾时，请确保宝宝的姿势是直立向上的，而且鼻子和嘴巴没有被任何东西捂住。避免使用那些会让宝宝身体卷曲呈 C 形的产品，因为这可能会导致宝宝无法呼吸。如果宝宝是躺在背巾里吃奶的，请务必在喂奶完成后将其抱直。

活动 2：调整宝宝头部的位置

如果你是用奶瓶来给宝宝喂奶的，一定要特别注意，在喂奶过程中先让宝宝倚靠在你的左胳膊上，过一段时间以后再把宝宝换到右胳膊上。一个比较好记的方法就是在宝宝每次打嗝的时候交换位置。当宝宝坐在儿童餐椅上，而你坐在旁边用勺子给宝宝喂饭时，偶尔换一下你坐的位置，比如从宝宝左侧换到宝宝的右侧。此外，当你抱着宝宝走动时，要记得替换一下宝宝承受压力的胳膊和臀部。对于我来说，要做到上面这些事情并不简单。我是右撇子，所以为了空出右手去做其他的事情，我发现我总是下意识的把孩子抱在左边。要想记住及时调整宝宝头部的位置，免不了要下一番功夫！

通过改变玩具和镜子等有趣物品在婴儿车上的位置来改变宝宝周围的环境，也会鼓励宝宝改变头部的位置

活动 3：交替变换睡觉位置

经常交替变换宝宝睡觉时在床上的位置。第一天晚上，让宝宝的头朝着婴儿床的一端入睡。第二天晚上，调转宝宝的头朝着婴儿床的另一端入睡。因为宝宝经常朝特定的方向（比如亮着灯的大厅）看，每晚交替变换宝宝的身体姿势有助于保持宝宝颈部的灵活性。

防止位置性颅骨畸形

值得庆幸的是，在大多数情况下，斜头畸形不会影响大脑发育或引起发育迟缓。在斜头畸形非常严重的情况下，宝宝一侧耳朵的位置可能会比对侧耳朵稍微向前移动，可能造成这一侧的耳朵或脸颊突出来。在尤为罕见和极端的情况下，严重的未经治疗的斜头畸形可能会造成与外观有关的社会心理问题[59]。

时不时地从各个角度来观察宝宝的头形，可以从侧面、背面、前面和顶部来观察。事实上，从上到下俯看宝宝的头部是观察宝

真心话
时间

　　如果发现至少 3 个月大的宝宝的头部扁平，重置位置（改变宝宝在婴儿床中的身体位置朝向）可以成功地阻止斜头畸形的进一步发展，甚至可以扭转扁平的症状。

宝有没有开始斜头畸形的最佳方式。

　　令人吃惊的是，自从 1994 年推荐"仰卧睡眠"以来，患有斜头畸形的婴儿数量增加了 50％~60％，而患斜颈的数量也明显增加。幸运的是，这些情况可以通过结合作业治疗师或理疗师的治疗和重置位置（例如，一天晚上让宝宝的头朝着婴儿床的一端入睡。另一天则让宝宝的头朝着婴儿床的另一端入睡。这样他朝卧室门方向看的时候脖子就需要转向不同的方向）来改善[60]。

　　更重要的是，可以通过拉伸宝宝的颈部肌肉、定期改变位置，以及限制宝宝花费在婴儿装备上的时间来防止这些疾病的发生。而且不要忘记在宝宝清醒时，由你或者其他负责任的成年人陪在他身边进行俯趴和侧躺！一定要在宝宝出生后马上开始这些练习。

　　为了保持宝宝的脖子灵活，减少扁头畸形的风险，请遵循以下这些建议。

活动 1：音乐椅

　　当宝宝长到一定的年龄开始坐儿童餐椅时，可以在一周内每隔一段时间就把椅子转移到桌子周围不同的位置。还可以移动房间里婴儿摇椅的位置。为什么要这么做？如果把宝宝一直放在房间里的同一个位置，为了看到房间中间发生了什么，宝宝会经常朝同一个方向转动或者倾斜头部。通过不断的变换方位可以让他朝不同的方向转动头部和伸展脖子。

真心话时间

非常多的宝宝患有先天性斜颈。医生认为，宝宝颈部肌肉的紧绷可能是由于出生时受到的创伤（产伤，产道挤压）或宝宝在子宫内姿势不正（宫内挤压）造成的。

活动 2：从一侧到另外一侧

从不同的方向靠近宝宝、和宝宝说话，并变换抱宝宝的姿势。例如，竖着抱宝宝、让宝宝趴在或者半边身子搭在你的肩膀上。因为宝宝常常会把头转向房间中心或者门口的方向，所以每天晚上让宝宝交替睡在婴儿床的两端，甚至可以偶尔改变婴儿床摆放的位置。这样的话，当有人进入房间时，宝宝就不得不转头朝不同的方向看。当你要乘车出行时，可以隔一段时间就换一下宝宝安全座椅的位置。

通过玩视觉追踪的游戏鼓励宝宝加强颈部的力量。当宝宝仰躺时，坐在他的面前，缓缓地倾斜身体从一侧歪到另外一侧，同时持续不断地跟他说话，这样的话他就会一直盯着你看。在这个过程中，他的动作会很慢，眼睛活动会不流畅，而且可能需要你来帮助他稍微移动一下头部。当宝宝长到 6 ~ 8 周大时，让宝宝俯趴然后陪他玩同样的游戏。这个时候的视觉追踪游戏会更具挑战性，也会对宝宝的力量有更多的要求。

这些头部位置的频繁变化会增强宝宝颈部的活动度，进而保持颈部的灵活性并改变颅骨受压的部位，减少头部变扁平的风险。需要父母们注意的是，宝宝最喜欢待在你的怀里。把宝宝抱在怀中或使用前胸式、后背式背带可以减少宝宝头部睡平的机会，同时能促进宝宝对躯干和头部的控制能力的发展。除此以外，还给你提供了一个可以与宝宝交流互动的绝佳机会。

变化是生活的调味剂

为宝宝的生活增添变化！为了宝宝的健康发展，请遵循以下建议。在抱宝宝、喂宝宝吃饭、给宝宝换尿布、给宝宝穿衣服、给宝宝洗澡和哄宝宝睡觉的时候要注意变换宝宝的姿势，改变宝宝头部的位置。

正确的抱势

学会享受用各种不同的姿势去抱宝宝。当宝宝被抱在怀里时，他会学会平稳地支撑脑袋。从不同的方向靠近、抱起宝宝，并不断交替抱着他的那只手臂，这样他的脑袋就可以转向左右两个方向。对于年纪还很小的宝宝，在支撑头部的方面还需要大人的很多帮助。把宝宝放到你的大腿上，然后看着他的头部上下一点一点的并不是一种锻炼——这是一个迹象，表明宝宝现阶段还需要更多的支持（支撑他的头部）！

"我能看清楚"式抱姿

活动1："我能看清楚"式抱姿

你可以抱着宝宝让他的脸背对着你，以鼓励他进行视觉探索和追踪（用眼睛追踪运动物体的能力）。让宝宝的背部靠在你的胸口上，把一只胳膊放在宝宝的腋下，然后用另一只胳膊稳稳地托住宝宝的屁股。

活动2：橄榄球+头部支撑式抱姿

把宝宝以俯趴的姿势抱起来。一只前臂应该托着宝宝的胸口，你的手掌要扶着宝宝的脑袋。另一只胳膊要托着宝宝的身体，这可以避免压到下巴和下颌区域。这种怀抱姿势也可以算作俯趴的一种。

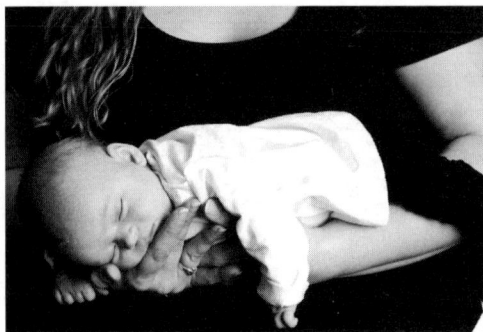

橄榄球+头部支撑式抱姿

真心话
时间

经常把宝宝抱在怀里可以锻炼并增强宝宝脖子和躯干上的肌肉，而且可以帮助宝宝适应并喜欢上各种各样的抱姿。

活动3：橄榄球式抱姿

随着宝宝对头部的控制逐渐加强，可以试一下传统的橄榄球式怀抱。前臂托着宝宝的肚子，让宝宝把脑袋靠在肘部附近。一只手紧抓着他的大腿，另一只手放在宝宝身体下方。抱着宝宝贴近你的身体，让宝宝得到安全感。用这种姿势抱宝宝可以鼓励他抬起头来看看周围发生了什么，给予他视觉的刺激。

活动4：勺子式抱姿

让宝宝坐在你的怀里，背靠在你的肘部内侧，同时用手托住他的大腿。对宝宝来说这个姿势很舒服，而且可以让他看清楚周围的环境。

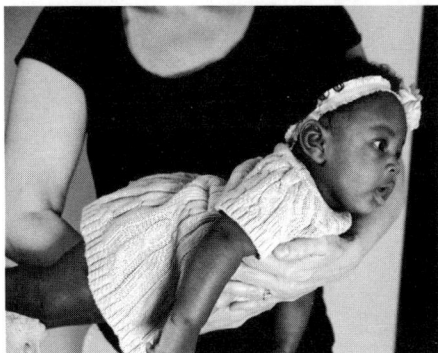

橄榄球式抱姿   勺子式抱姿

抱着宝宝四处走动可以帮助他建立对运动的接受度，同时增加肌肉力量和刺激他运动系统的发育，这对于宝宝平衡力、肌肉张力和视觉能力的发展是很重要的。要确保能够熟练地掌握这些抱姿，并尽量不要总是使用同一种姿势。请记住，交替的抱姿会鼓励宝宝朝不同的方向看，这对伸展和加强他的颈部肌肉很有帮助。同时这对你也有益处，因为改变抱姿可以防止背部肌肉紧张或受伤。

喂奶的正确姿势

在喂奶时，尤其是用奶瓶给宝宝喂奶时，可以来回替换搂着宝宝的手臂，这样他的脑袋就可以随着位置的变换左右转动并朝两边看。这同时也减轻了宝宝头部某一侧所承受的压力。在喂奶时，你甚至可以把宝宝放在你的大腿上，让他面朝着你。不过宝宝的嘴巴应该在中线的位置，所以应该在对着肚脐的正上方。

很多人总是让宝宝趴在肩膀上打嗝，与这种传统的催嗝方式相比，让宝宝趴在你的大腿上打嗝会更合适一些。让宝宝横着趴在你的大腿上，两只胳膊都放在你腿部的同一侧，然后用一只手垫在宝宝的身体下面。稍微抬高靠近宝宝脑袋那边的那只大腿。轻轻拍打宝宝让他打嗝时，一定要把他的头转向两边并轻微的拉伸下脖子。这样可以保证颈部肌肉的灵活性，防止紧绷。

当宝宝可以坐直并且开始使用儿童餐椅时，应该经常把椅子放到他可以轻易地看到周围环境的地方。用勺子给宝宝喂饭时，把饭喂到宝宝嘴巴的正中心以及嘴巴的左侧和右侧，以促进唇部和下巴咀嚼运动的均衡。不要让宝宝在进食后立即进行俯趴，因为胃部受到压迫可能会让宝宝感到不舒服，很有可能会导致宝宝吐奶。你不会喜欢这样，宝宝肯定也不会喜欢这样！然而，如果你发现宝宝在俯趴时偶尔会吐奶，不要把它当作不让宝宝俯趴的借口。俯趴会帮助宝宝增强肌肉，而这些肌肉可以帮助宝宝把食物吞咽下肚！有一些宝宝在俯趴时确实会吐一点儿奶。

换尿布、穿衣和洗澡的正确姿势

给宝宝换尿布的时候，宝宝一般是躺在换尿布垫上、床上或者台子上，每隔一段时间就换一下宝宝平躺时头部的朝向。在每次换完尿布后，要记得让宝宝进行俯趴，以帮助宝宝养成定时俯趴的习惯。在这样一个时间表的帮助下宝宝可以更容易地记住俯趴的时间，也可能会提前预期到接下来的活动。一定要记住在宝宝俯趴期间绝对不能离开他的身边。你的手要一直放在他的身上，以防他从台子或床上滚下来。

在给宝宝穿衣服时，不要忘记前面提到过的那些关于抱姿和躺姿的建议。在给宝宝系上和解开衣服背面的扣子时，还可以让宝宝俯趴或者侧躺着。在给宝宝洗完澡后，让宝宝趴着，然后给他擦干身子。这些都是可以把俯趴时间融入到宝宝日常生活中的好办法！

睡眠时间

在宝宝刚出生的前几周里，大部分的时间他都在睡觉。事实上，一般新生儿每天会睡 16 ~ 18 小时！

要记住在宝宝一岁之前，一定要宝宝仰睡在硬的床铺上。不要在宝宝睡觉的地方放置柔软或松散的被褥、枕头和毛绒玩具，而且一定不要让宝宝在豆袋椅、水床或其他表面柔软的家具上睡觉或玩耍。

正如前面提到的，让宝宝交替睡在婴儿床的两端。把日历放在靠近婴儿床的地方并在上面标记宝宝睡觉的位置，可能会对你有所帮助。观察宝宝睡觉时头部的朝向。如果他一直朝着同一侧睡了 15 分钟以上，可以把他的头转向另一侧。然后过一段时间以后，再把他的头转到正中的位置。

如果你的宝宝很难入睡，可以用古典音乐来抚慰他，让他冷静和放松下来。保持较低的音量，音乐的旋律很有可能会让他睡着。

随着对大部分儿童进行的早期检测，通过简单的姿势矫正技巧和伸展运动可能会矫正枕骨斜头畸形。请记住，如果你的宝宝偏向于往同一个方向歪头，这可能表明这一侧的颈部肌肉比较紧绷。理疗师或作业治疗师可以通过伸展和姿势矫正计划来解决这个问题。如果您的宝宝还不到 1 岁，就出现了头部中度到重度扁平的情况，请咨询宝宝的儿科医生。在某些情况下，您的儿科医生可能会将您转给颅带专家（专攻这个领域的矫形专家或作业治疗师或理疗师）。颅带、颅骨矫形固定器和头盔等术语都是指的同一个物体，使用它进行头型矫正的过程被称为头颅重塑。头盔是由塑料制成的，可以温和地将宝宝的头型矫正过来。它是怎么做到的呢？通过限制颅骨突出部位的生长、预留扁平部位的生长空间，来精准引导颅骨生长，提高颅骨形状的均衡性与对称性。通常宝宝每天要戴 23 个小时的头盔，只有洗澡或洗头的时候才

美国儿科学会建议避免使用睡姿定型枕

因为新生儿大部分时间都在睡觉，所以了解宝宝睡觉时的安全措施是非常重要的。睡姿定型枕是两边都带有侧垫的扁平或楔形的垫子，可以用来让宝宝在睡觉时保持仰卧的睡姿，使用的频率很高。这一类的产品在婴儿用品市场上已经销售了20多年，许多生产商声称此类产品可以促进消化、减少绞痛或改善胃食管反流的症状，而且可能防止位置性颅骨畸形。不过现在还没有研究可以证明他们的这些说法。美国儿科学会、美国食品和药物管理局强烈建议父母不要使用此类产品，因为睡姿定型枕可能会导致宝宝窒息。宝宝可能会被困在定型枕与婴儿床之间，严重的情况下会窒息死亡。不幸的是，尽管美国儿科学会和美国食品和药物管理局提出了这些警告，睡姿定型枕仍然在市场上销售。请注意，睡姿定型枕可能带来的任何好处都不值得冒着窒息的危险，不要禁不住诱惑让宝宝去尝试。坚持美国儿科学会的政策：让宝宝睡在坚实、平坦的表面上。此外，如果宝宝出现堵塞或反流的情况，请告诉宝宝的儿科医生[61]。

能摘下来。不要担心宝宝会不舒服，戴上头盔并不会疼，绝大多数宝宝甚至没有意识到自己头上戴着头盔。

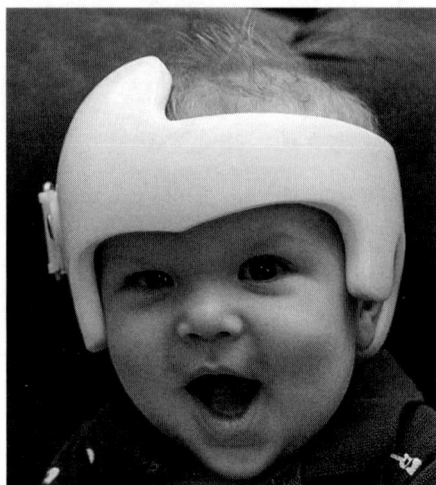

宝宝戴着头盔

专家每1～3周会根据宝宝的情况调整头盔的形状。矫正治疗的时间需要2～6个月。除了配戴矫正头盔外，还有姿势矫正和伸展运动，以及对父母进行关于促进头型矫正和发展的日常活动的教育，包括作业治疗或物理治疗也会同时进行。治疗方案需要父母坚定的承诺，以确保父母遵循意见、进行相应调整以及坚持治疗。请注意，头型矫正治疗必须在医生的监督下才能进行。美国食品和药物管理局要求头盔必须符合510（k）标准并获得相关部门批准才能销售。如果可能的话，您会希望与经验丰富的并且可以向您展示宝宝使用前和使用后的照片的头盔供应商合作。

伸展颈部肌肉的游戏活动 [62]

下面的这些简单的锻炼和拉伸练习都很容易上手，而且有助于保持宝宝颈部和上肢的灵活性。请记住，每项活动都可以满足宝宝的某种特定需求。因为宝宝的能力发展存在个体差异，即使是没有出现颈部肌肉紧绷或头部扁平现象的宝宝，也可以从这些活动中受益，因为它们可以促进肌肉的发育、增强力量、提高灵活性。此外，这些活动也提供了一个健康且有趣的机会，可以让你与宝宝进行亲密交流。

用一个 45 厘米的健身球进行以下伸展练习。或者用 40 厘米的瑜伽花生球也是一个很好的选择。这些都可以在运动商店或众多百货公司里买到。（在使用球时请务必保持谨慎，活动进行中双手一定不能从宝宝身上拿开。）

活动开始前，可以先给宝宝一点时间让他熟悉一下球。因为健身球的体积比宝宝还要大，他可能会被吓到。先让宝宝看着你玩球，再让他摸摸球，然后在你的指导下让他拍打球。

一旦你感觉到宝宝渐渐适应了球，就可以进行下一步的伸展练习。如果宝宝抗拒伸展活动，可以一点一点慢慢来。在进行这项活动时，让另外一个人来转移宝宝的注意力可能会对活动的进行有所帮助。也可以用玩游戏、唱歌、做鬼脸、吹泡泡等方式来转移宝宝的注意力。你甚至可能会想在宝宝睡着的时候试试这项活动。如果你要尝试的话，请确保宝宝在活动开始之前已经睡了至少 15 分钟。而且宝宝最好是在你的怀里睡着的。

请记住，如果宝宝被诊断出患有斜颈，或者你怀疑宝宝的颈部肌肉紧绷或挛缩，在做这些活动之前，请先带他去看理疗师或作业治疗师。

健身球伸展活动

要完成这些伸展活动，宝宝必须能够做到独立地抬起头。

球上伸展运动

球侧部伸展运动

活动 1：球上伸展运动

让宝宝坐在健身球上，上身挺直背对着你，而你跪在或坐在健身球后。宝宝的双腿应该稍微分开，你的手要放在宝宝的臀部来保持稳定。慢慢地、轻轻地向前滚动球，在这个过程中，宝宝可能会用自己的胳膊和手来稳定身子，同时头应该会自然而然地挺直。这是一个很好的肌肉伸展练习。

活动 2：球侧部伸展运动

当宝宝仍然坐在球上背对着你时，把球滚向左侧或右侧他头部倾向转的方向。当他用双手稳定身子时，你的手要一直放在他的臀部上。当你移动球时，他应该会倾斜头部，努力保持头部挺直。这项活动也可以很好地伸展紧张的颈部肌肉。

活动 3：俯趴球伸展运动

接下来，让宝宝脚对着你头朝前趴在球上。你坐在球的后面，扶着他的臀部来保持稳定。慢慢地、轻轻地向前滚动球。宝宝会用颈部的肌肉来抬起头来。你们可以在镜子前做这个练习以鼓励宝宝抬头看，或者让一个人坐在他前面来转移他的注意力。你也可以把球往侧边滚来伸展颈部的肌肉。这项活动有助于宝宝平衡能力和运动系统的发展。

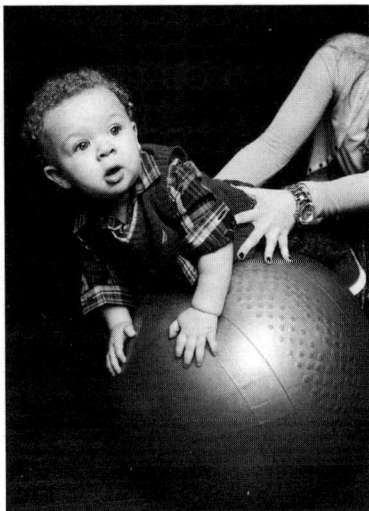

俯趴球伸展运动

床上伸展活动

活动 1：左右伸展运动

让宝宝躺在硬的床上。坐在他的脚边，上半身向前俯身在宝宝上方，用右手轻托宝宝头部的左侧（他的左侧）。把你的左手放在他的胸口上。轻轻地将宝宝的头转向他的右肩，确保不要压到他的下巴。保持这个姿势 5 秒钟，然后朝相反的一侧进行同样的操作。如果你的宝宝很抗拒你托着他的头部，摇动摇铃或者把音乐玩具放在他脸的两侧，让他随着移动的摇铃来转动头部，一旦他开始转头，你可能需要用手轻轻地托住他的头，来帮助他维持这个姿势。在这种情况下他很可能就不会抗拒了，因为他会因摇铃或玩具而分心。如果他还是哭闹着抗拒你托着他的头部转向，先停一会，然后再试一次。如果您的宝宝不能把头完全转向一边，请咨询宝宝的儿科医生。

活动2：上下伸展运动

让宝宝躺在硬的床上。在他的头上方，摇动摇铃或放一个音乐玩具来吸引他向上仰头，从而让他颈部和下巴的肌肉得到很好地伸展。慢慢地将玩具往宝宝脚的方向移动。当他的视线跟随玩具移动时，他应该会向下移动他的头部，直到下巴被稍微堆叠。在他把头从床上抬起来之前，停止移动玩具，然后把玩具移回原位再重复一遍这个过程[63]。

小贴士

防止枕骨斜头畸形的方法

◎让宝宝仰睡在坚实、平坦的表面上。

◎让宝宝交替睡在婴儿床的两端，偶尔改变婴儿床摆放的位置。

◎将可活动的物体移动到婴儿床的不同地方。

◎抱着宝宝喂奶时来回替换搂着宝宝的手臂。

◎在宝宝清醒时且有人监督陪伴时，鼓励宝宝俯趴和侧躺。

◎最大限度地限制宝宝待在背带和秋千椅上的时间。

◎如果你注意到宝宝一直抗拒将脖子转向一边，请咨询宝宝的儿科医生。

第六章

用游戏奠定坚实的感知运动基础：
适合0~3个月的宝宝

长久的等待结束了——你的宝宝终于呱呱坠地啦！这是一个令人激动的时刻，你终于见到了自己的宝宝，你们开始相互了解。在宝宝刚出生的这段特殊时间里，你和宝宝之间将建立深厚的情感联结。这种联结将鼓励宝宝发展基本的信任能力。密切留意宝宝的需求，并精心照料她，让她感受到你对她无条件的爱与接纳。通过仔细解读宝宝发出的信号并做出适当的回应，你将为宝宝的生长发育与学习探索提供支持。

玩游戏是一种与宝宝建立情感联结的有趣方式。本章提供了各种可以刺激宝宝发展的游戏活动和适合宝宝的姿势。它们不但能帮助你与宝宝建立稳定的联结，而且可以促进她的身心发展。当你将本章介绍的活动融入日常生活中以后，你将会和宝宝一起享受很多乐趣。

0 ~ 3 个月宝宝的发展指标

在宝宝 0 ~ 3 个月时，看看她是否展示出以下能力。

◎出生时具备基本的反射，如吸吮反射和觅食反射

◎出生后，把玩具放入其手中时会做出抓握的举动

◎出生后第一个月，手呈握拳姿势

◎出生后，头部不能独立撑起

◎把手放进嘴里

◎俯趴时，头抬高呈 45°，并用前臂来支撑身体

◎发展头部控制能力

◎两手交握

◎ 3 个月时开始张开小手

◎手拍击物体

◎抓握和摇晃玩具

◎抓握瓶子并保持 1 分钟

0 ~ 3 个月宝宝的适宜玩具

以下是一些适合 0 ~ 3 个月宝宝的玩具。但请记住，在宝宝睡觉时不能把这些物品留在婴儿床上。

◎颜色对比强烈的移动玩具

◎摇铃

◎腕铃和脚铃

◎婴儿用安全镜子

◎彩色塑料钥匙

◎护理枕（nursing pillow）和多功能哺乳婴儿靠枕

◎软皮书

◎八音盒

当你的宝宝醒着时，游戏是她生活中非常重要的一部分。游戏会为你的小宝宝带来充足的成长机会。无论是玩摇铃、摆弄玩具，还是坐在你的膝盖上随着音乐晃动，都是宝宝的游戏。在这些活动中，她能亲身体验这个世界。宝宝参与的任何活动，只要不涉及饮食、洗漱或睡眠，都可以算在游戏时间之内。

在宝宝出生后的头几个月里，游戏的内容应该包括让宝宝适当地变换姿势、熟悉周围的环境以及鼓励宝宝的探索。你可能会注意到本章中的大部分活动都着重于变换姿势。这是因为在一天中，宝宝体验的姿势越多，肌肉就会变得越强壮，这将为宝宝的发育提供坚实的基础。当你帮助宝宝变换姿势，并和她一起玩耍时，她会非常享受你的爱抚和你们之间的交流互动。请记住，在宝宝 3 个月以后，本章中介绍的许多姿势和活动也仍然适用。

发展中的能力：视觉调节

从出生后的最初几天开始，宝宝就会利用视觉来探索周围的新环境了。在最初的几周里，宝宝还不能灵活地控制眼部的肌肉，所以她对于眼睛的运用可能并不熟练。她可能还不能协调双眼视觉，偶尔还会对眼，但这是很正常的。此外，宝宝早期视力比较模糊，所以如果你用轮廓鲜明、颜色对比强烈的玩具，她会看得更清楚。因为宝宝眼睛还无法聚焦附近的物体，所以在玩耍时，一定要把所有的玩具放在离她脸部 20 ~ 25 厘米处，而且一次只放一个玩具。

真心话时间

宝宝会被熟悉的环境中出现的新奇物体所吸引，因此，你可以不时地更换一下宝宝周围的物品，比如在儿童房里添加一个新的装饰物，以吸引宝宝的注意力。

但请记住，太多的视觉刺激反而可能让宝宝难受，甚至导致她焦虑不安。这是因为宝宝的视觉系统需要逐渐适应这个纷繁的新世界，并不需要太多的视觉刺激。让儿童房保持简洁，避免过多的墙壁装饰或挂饰，以免对宝宝造成视觉上的压力。

便携式睡眠摇椅：每天使用时间不超过 30 分钟

便携式睡眠摇椅已经成为近些年来的热卖产品。因为这些摇椅可以很轻松地从一个房间移动到另一个房间，而且折叠方便，可以节省空间，所以受到很多父母的青睐。许多父母说，摇椅会帮助他们的宝宝睡得更香、更久。但是，过度使用这类产品对宝宝造成的负面影响远远大于它的便利性。根据目前美国儿科学会的婴儿猝死综合征指南的建议，宝宝睡觉时最好仰卧，并且睡在坚实平坦的床垫上。但睡眠摇椅等产品并不符合美国儿科学会安全睡眠指南的要求。另外，不管任何时候，如果宝宝出生时有颈部或头型问题，那么躺在摇椅的斜面上无法改善这些问题，因为他们不得不收着下巴，蜷缩着腿，而且视野受限。如果你家里有一个摇椅，我建议你每天给宝宝使用的时间控制在 30 分钟以内。这样，你就有足够的时间来洗碗或收拾衣物。但要记住，把宝宝放在摇椅里的时间一定不要超过 30 分钟。

真心话时间

你希望确保宝宝在睡觉时感到温暖和舒适，但是绝对不要在她睡觉时，在床上堆放被褥、毯子和枕头。这类松软的物品可能会造成宝宝窒息。更安全的做法是在床垫上铺上质地紧密的床单，给宝宝穿底部系扣的睡衣或连体睡衣。

适合 0 ~ 3 个月宝宝的游戏活动

以下活动对 0 ~ 3 个月的宝宝很有益处。

活动 1：玩床铃

因为在出生后的最初几个月，婴儿的视觉和听觉发展很快，所以建议你在婴儿床上方挂一个造型有趣、色彩明亮的床铃。它应当有对比强烈的颜色（如红、黑、白），这些颜色会刺激宝宝的视觉发展，帮助她学会聚焦。你的宝宝一定会觉得这个动来动去的物体很有趣，她会盯着它，这有利于视觉追踪能力的发展。

自制玩具——制作一个独特主题的床铃

　　自制的床铃可以成为婴儿房的一抹亮色。如果宝宝的房间有特定的主题，那么可以将它融入床铃的设计中。你可以使用大号木制绣花箍来作为床铃的框架，或者穿起两层或三层的木钉，并在每个木钉上挂装饰品。床铃对宝宝来说，应该是充满乐趣、装饰和外观都很丰富有趣。你可以在床铃上挂上不同的物品。例如，五颜六色的纸鹤、纸船、纸花、针织的图形或自制毛绒玩具等。不过，为了保持床铃整体的简洁，只放 3 或 4 个悬挂物品就足够了。这样宝宝的视觉压力不会太大。悬挂床铃时，你可以选用丝带、绳子、纱线或结实的钓鱼线。

　　我的一个好朋友用 3 根小树枝制作了一只神奇的小鸟床铃。她用彩色绣花线和羊眼钉把树枝分成几段，每段约 15 厘米，然后把各种彩色的手工缝制的小鸟粘在树枝上。这和她小鸟主题的婴儿房实在太配了！

　　当床铃制作完成后，一定要把它挂在婴儿床上方固定牢靠的挂钩上，或把它牢固地钉在墙上。

有些床铃还能播放音乐，这不仅能让宝宝体验到乐趣，还可以锻炼她的听觉技能。当宝宝看着床铃时，一定要给宝宝指出上面不同的颜色和形状。如果宝宝独自待在婴儿床上，你可以不时地打开床铃，给宝宝提供视觉和听觉的刺激。因为宝宝喜欢新鲜事物，每隔一段时间挪一挪床铃的位置，这样宝宝就会变换视野范围。这也能鼓励宝宝把头转向不同的方向，保持颈部的灵活性。

在宝宝准备睡觉时，如果把床铃从宝宝的婴儿床上方移开，你可能会发现宝宝更容易入睡。床铃对于宝宝来说确实很好玩，但是到了该睡觉的时候可能就会让宝宝分心了。用在婴儿床上的移动玩具是为了宝宝的早期发展而设计的，推荐 0～5 个月大的宝宝都可以使用床铃，因为它是根据宝宝早期发育特点设计的。一旦宝宝可以坐起来、扶站或开始手膝爬，你就可以把床铃拆掉了。否则宝宝可能会被悬挂床铃的线缠住。如果你家里还有空间，可以把它挂在婴儿房中宝宝够不到的墙上，或者储存在某个安全的地方留给下一个宝宝用。

活动 2：阅读越早越好

给宝宝读书会让你放松，也会让宝宝安静下来。读书给宝宝听，越早越好。不管你信不信，如果你想要给宝宝读书的话，可以从你和宝宝还没出院的时候就开始。阅读也是一项非常适合宝宝和爸爸共同进行的活动。阅读时，你要充满热情，还可以通过搞笑、生动的声音和夸张的表情来吸引宝宝的注意力。一直到宝宝开始蹒跚学步，你都应保持亲子共读的好习惯。这样，将有助于培养宝宝对阅读的热爱。阅读会让宝宝沉浸在语言的世界里

并增长见识 [64]。想想看，你在生活中遇到的那些聪明、有趣的人，有多少都是爱读书的人哪！

阅读会促进宝宝积极倾听能力的发展，提升专注力，也能很好地刺激宝宝大脑的发育。现在市面上有许多适合宝宝的书籍，包括纸板书、嗅觉认知书、翻翻书和触摸书。在阅读每本书时，你可以指出并描述每幅画面的细节，以此来吸引宝宝。当你说出这些信息时，你甚至可以引导宝宝用手触摸画面。这可以帮助宝宝理解你所说的话与书中的页面是相关的。如果图画书的内容很简单，你可以多说几句话，来解释和描述每一页上发生了什么。例如，你可以和宝宝谈论画面中人物的面部表情："看，这个女孩在笑。她一定很高兴"或者"天啊，那个男孩在哭。他一定很伤心吧！"你也可以描述画面中人物的动作，解释一些概念："这个宝宝正在桌子下面爬"或者"狗狗正在跳圈"。如果你的描述很生动，还带有各种音调变化，宝宝会非常感兴趣。读书给宝宝听是一种既有趣又能促进宝宝语言发展的游戏。而且，读书会促进宝宝的发展，也会增强你和宝宝的情感联结。

活动 3：在毯子上俯卧的快乐时光

在宝宝刚出生的几天里，你可以在地板上铺上毯子或垫子，然后和宝宝一起在上面玩耍。别忘了移走那些松软的物品，比如枕头或毛绒玩具，以免它们捂住宝宝的嘴或鼻子，造成呼吸困难。在俯卧前，要确保宝宝心情愉悦，没有不适、饥饿或焦躁等情况。俯卧时，让宝宝四肢贴地趴在地板上，手肘弯曲放在身体两侧。因为宝宝的肌肉还没有足够的力量，所以刚开始的时候，让宝宝

童谣、韵律和歌曲的力量

在给宝宝读书时，你可以适当加入儿歌。研究表明，宝宝会通过童谣学习语言。所以本书还介绍了许多经典的童谣，这些歌谣不仅能帮助宝宝感知韵律与节奏，也能促进语言能力的发展。

有趣的是，有证据表明，在幼年学习童谣、诗歌和歌曲，会提高宝宝对单词和韵律的理解力，从而对将来词汇、阅读和拼写能力的发展产生积极的影响。唱摇篮曲和背诵童谣是一项很不错的亲子活动，而这些熟悉的歌谣甚至可能会带给你一些自己童年的美好回忆 [65,66]。

维持俯趴的姿势 15 ~ 20 秒即可。你会发现宝宝抬一会儿头就会低下头休息一会儿。随着宝宝渐渐长大变得更加强壮，你可以逐渐延长宝宝每次俯趴的时间。趴着时，宝宝的前臂和手会承担身体的一部分重量。这项活动不仅能增强宝宝颈部和躯干肌肉的力量，同时还会锻炼宝宝手臂和手的力量。在宝宝发育的早期阶段，一定要注意，一天中多次、短暂的俯卧远比一到两次长时间的俯卧更适合宝宝。

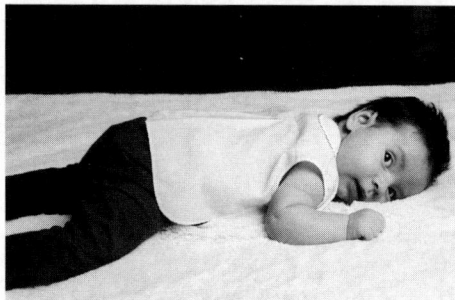

在毯子上俯卧的快乐时光

活动 4：屈膝俯卧时间

新生儿俯趴的另外一个姿势是让宝宝肚子贴地，手肘弯曲蜷缩在身体旁边，膝盖弯曲置于身体下方。这个姿势与宝宝在妈妈子宫里的姿势相似。你可能需要卷起几块婴儿毛毯，放在宝宝的身下和腿部周围以保持姿势稳定。你还可以和宝宝说话，试着让她抬起头，并把头从一边转向另一边。

当宝宝可以做到持续抬头一小会儿时，可以在她视线上方一点点的位置放一个有趣的小玩意儿——比如一个柔软的玩偶，来吸引她的注意力。宝宝会对玩偶的面部特征感兴趣，然后抬起头来看它。一旦宝宝把注意力集中在玩偶上，你就可以慢慢地将玩偶从一边移动到另一边，再从上方移动到下方。你可以仔细观察宝宝的视线是否随着玩偶的移动而移动。请记住，你所选的玩偶应该是不会发出声音的，移动玩偶时动作要缓慢，这样宝宝就不会受到过度的刺激或变得沮丧。不要等到宝宝不耐烦才结束俯趴练习，因为俯趴时间最好是以好心情作为收尾。

活动 5：抓住我啦

为了提高宝宝的头部控制力，你可以让她面朝着你，仰卧在地板上或你的膝盖上。接着把你的手放在她的背后，用手掌扶着她的肩膀，指尖扶着她的头，慢慢地把她扶起来坐着。如果宝宝喜欢这个动作，可以多重复几次。当她渐渐长大，变得更强壮时，你可以改为用手轻轻地把她拉起到坐姿。但是，要这样做的话，还需等到宝宝可以自己抬起头来并且肩膀和手臂会用力以后才行。

对于转移宝宝注意力而言，播放音乐是一个既有趣又有效的方法。你可以密切注意宝宝的情绪变化，并通过播放适当的音乐来做出回应。如果宝宝看起来焦躁不安或不开心，就播放一些舒缓的音乐；如果宝宝很高兴、很积极，你可以播放更活泼一些的音乐。宝宝最喜欢的声音之一就是妈妈的声音，所以不要害羞，给你的宝宝唱一段可爱的旋律，你会看到宝宝开心的反应。如果你一边播放音乐，一边抱着宝宝四处走动，宝宝会特别享受。因为这样就将音乐节奏与运动结合在一起了。

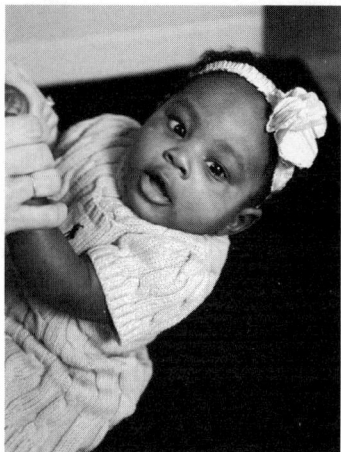

抓住我啦

活动 6：猎狗木偶戏

袜子木偶很可爱而且易于制作。毫无疑问，你的宝宝会很喜欢玩木偶戏！要制作一个简单的袜子木偶，你需要准备一只干净的白袜子以及红色与黑色的布料记号笔。把手伸进袜子里，用拇指和其余手指围成一个嘴巴的形状。使用黑色的布料记号笔画出眼睛、鼻子和耳朵（柔软的小狗耳朵会非常可爱），用红色的记号笔在嘴巴里画出一条舌头。一定要涂上颜色！因为黑色和红色的图案与白色的袜子可以形成鲜明对比，这样宝宝就可以更清楚地看到木偶。这将有助于发展她的视觉能力。

让宝宝侧躺。她可以侧躺在地板上或你的膝盖上。你可能

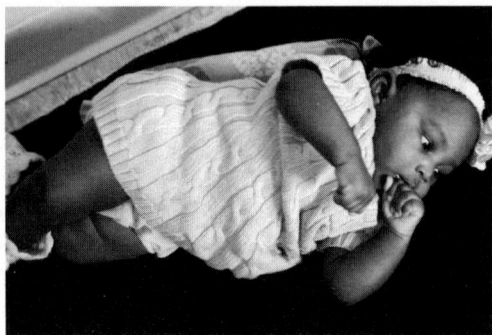

侧躺

需要用一个小枕头或卷起来的毛巾来支撑她的背部，或者让她背靠在你的腿上。如果有必要的话，将小毛巾或口水巾折叠起来，像枕头一样垫在她的头下，或把手垫在头下。要确保不要把她的胳膊压在身下让她感到不舒服，要把胳膊放在身体的前面。现在可以开始表演木偶戏了！

小贴士　养成一个规律的睡眠习惯

研究表明，让宝宝养成一个规律的睡眠习惯有助于他们更快地入睡并且增加睡眠时长[67]。

当你的宝宝刚出生时就要让她养成一个规律的睡眠习惯，从长远来说，这会让你将来的生活变得更加轻松。规律的睡眠习惯会让宝宝从白天的忙碌状态平缓过渡到安静的睡眠状态。一个常规的日常活动，比如摇一摇宝宝、给宝宝讲故事、晚安吻等都可以帮助宝宝做好睡眠准备。

手拿着木偶，上下前后来回移动，但是始终要保持在宝宝的视线之内。让木偶跳一个笨笨的舞蹈，唱一些傻傻的歌曲。你甚至可以让木偶亲吻她！你的声音越活泼、动作越逗乐，你的宝宝就越有可能享受这个木偶戏。

给宝宝按摩的好处

研究表明，触摸可以抚慰宝宝并且对宝宝的发展起着重要作用。当爸爸或妈妈给宝宝按摩时，宝宝会感受到她是被珍惜和爱着的，这会让你们之间产生特殊的联系。每天给宝宝按摩也有其他的好处。研究表明，按摩可以起到安抚婴儿、改善睡眠和减轻压力的作用[68,69]。现在甚至有专门的培训课程教父母给宝宝按摩的技术。给宝宝的按摩最早可以在她 2～3 周的时候开始，如果宝宝的儿科医生同意的话也可以再提早些进行。如果你不方便上相关的培训课程，请遵循以下的指导原则。

调暗灯光，并确保房间温度适宜。让全身上下只穿着一片尿布的宝宝躺在一条柔软的毛巾上。双手摩擦搓热手掌。缓慢轻柔地从宝宝的额头开始划圈按摩，然后向下到太阳穴、面部和下巴。继续用轻柔的力度按摩，慢慢地移到她的脖子和肩膀。要小心不要挠痒宝宝。在这个过程中要时刻关注着她，如果感到不舒服，她会有所反应。如果她看上去烦躁不安或把头转开，那么可能是时候停下来，等过一会儿再尝试。如果她看上去很满足并且享受按摩，你可以继续向下按摩宝宝的手臂和手。揉揉她的小手掌，并轻轻地按压。

轻轻地将宝宝翻个身，让背部朝上。轻柔地划圈按摩她的后脑，然后沿着她的背部和脊柱向下按摩。用双手在胸腔周围按摩，然后继续向下按摩到宝宝的臀部、大腿、小腿、脚和脚趾。如果你在按摩时唱歌、播放柔和的音乐，并用舒缓的声音与她交谈，你的宝宝将会特别地享受按摩。当按摩完成后，宝宝应该会彻底地放松下来，并且可能很快就进入睡眠状态了。

按摩对于患有睡眠问题的宝宝来说有很大的益处。按摩的压力舒缓了肌肉，降低了宝宝的心率和呼吸频率，从而使她睡得更加舒适。

在宝宝离开子宫之前，她处于一个感官刺激特别丰富的环境中。从某种意义上说，母亲的子宫也会按摩宝宝的身体，为宝宝提供温暖、舒缓的体验。按摩的作用与母亲的子宫类似，会在拉伸和刺激宝宝肌肉的同时为宝宝提供一个安宁的环境，这对于宝宝健康地生长发育起着重要的作用。爱抚对宝宝的好处很难用语言表达，因此，我强烈建议所有的父母和宝宝的看护人学习如何给宝宝按摩。

为什么要给宝宝做按摩？因为可以……

- 加强父母与孩子之间的联系
- 镇静宝宝的情绪
- 改善睡眠

正在发展的能力：对头部的控制

宝宝刚出生时缺乏对头部的控制。这是因为与身体的其他部位相比。她的颈部肌肉相对较弱而头部相对较大。在这个阶段，当你抱着宝宝的时候，一直为宝宝的头部提供支撑是很重要的。宝宝短暂地抬起头会增强她颈部和背部的肌肉。俯趴也有助于宝宝增强对头部的控制。在宝宝 3 个月大以后，你会发现她抬头的能力有了很大的提高，而在大约 6 个月大时，宝宝对于头部的控制将会变得强健而稳定。

　　婴儿背带在新手妈妈中非常受欢迎。背带通常是便携式汽车座椅系统的一部分，其中还包括汽车座椅和婴儿车，背带都可以跟它们配套使用。背带的使用非常方便，新手妈妈可以把宝宝放进背带中扣好皮带，抱着背带走到车旁，把背带固定在汽车座椅上，开车到公园后，把宝宝从背带中抱出来放进婴儿车中，然后再推着宝宝一起散步。但是在这个过程中，宝宝错过了什么！通常来说，妈妈会把宝宝抱在怀里，抱着她走到车边，把她放在汽车座椅里，然后把她抱出来，放进婴儿车里。在这个过程中，宝宝会享受妈妈的爱抚，同时当宝宝被抱着的时候她会用到躯干和脖子上的肌肉。

　　婴儿背带的便携性和方便性对于忙碌的父母来说很有吸引力，但正如你所看到的，婴儿背带的使用应该受到限制，理由如下：在背带里时，许多宝宝会将头向一侧倾斜，这不利于颈部和脊柱的发展，而且宝宝头部的某个部位会一直承受压力，可能会导致此部位扁平。当然，短时间内待在背带里的话是没有问题的，但如果在宝宝的行程中有很多乘车旅行的时间，那么要时不时地停下车，把宝宝从座椅上抱起来，让她休息片刻并限制她在当天剩余的时间里花在其他设备上的时间。

安全小贴士

　　当宝宝被放置在婴儿背带里时，请始终系好安全带。

　　许多父母把玩具挂在婴儿车的手柄上，因而它们会在距离宝宝眼睛几厘米的地方摇晃。正如我之前所说，这样做很容易给予宝宝太多的视觉刺激，尤其是对于新生儿。不幸的是，父母可能会认为这样做会让宝宝感到满足和快乐，然后继续让宝宝接受过度的刺激。这个举动实际上是会让宝宝非常沮丧的！同样非常重要的是要记住，当车辆在行驶时不应该将玩具挂在汽车安全座椅上，因为这会造成安全隐患。

　　可以考虑经常移动悬挂玩具的位置。如果你和宝宝坐在一起，要小心仔细地看着她。当她和玩具玩了一会儿后，如果她把头转向一边或者闭上眼睛，那她可能是在告诉你，"我已经玩够了！"

　　妈妈们应该注意婴儿背带的重量高达 4.5 千克，所以当加上新生儿的体重时，这会给你的背部、肩部和手臂带来很大的压力。如果有可能的话，还是选择抱着孩子，而不是冒着受伤的危险使用婴儿背带。另外，不要养成只在一边抱宝宝的习惯，要交替着手臂去抱她，从而避免身体某一侧承受过度的压力。

改善头部控制和专注力的游戏活动

　　以下活动可以避免宝宝在婴儿背带里花费过多时间，其中的许多活动还会增强宝宝对头部的控制。

活动 1：拍手游戏

首先你需要平躺，然后膝盖弯曲将脚向臀部滑动，使小腿贴近大腿根。你可能需要一个枕头垫在头下做支撑。让宝宝坐在你的肚子上，面朝着你，这样她的背部就可以靠在你的大腿上。抓着她的双手，让她轻轻地拍手，然后一起玩拍手游戏。

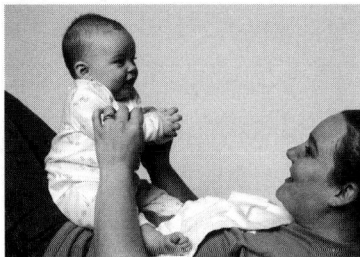

拍手游戏

Patty-cake

做蛋糕

Patty-cake, patty-cake, baker's man (Take baby's hands through the motions.)

做蛋糕，做蛋糕，面包师 (随着节奏抓着宝宝的手)

Bake me a cake as fast as you can

快快给我做个蛋糕

Roll it (Roll her hands around each other.)

转一下 (抓着她的两只手互相绕手转圈)

and pat it (Clap.)

拍一下 （拍拍手）

and mark it with a B (Guide her finger to write a B in the air.)

画上一个 B 标记 (抓着她的手在空中比划一个字母 B)

And put it in the oven for baby and me! (Kiss your baby!)

为我和宝宝放进烤箱 （亲亲你的宝宝）

活动 2：随意舞动

抱着宝宝随意舞动会给她提供一个很棒的运动体验。在宝宝还比较小的时候，让她趴在你的肩上同时轻轻地托着她的头部，使其与身体保持对齐，然后你可以慢慢地舞动起来，并且边抱着她边唱歌给她听。她会喜欢你身体的这种律动，同时也会慢慢接受俯趴时对腹部造成的轻微压力。根据宝宝的情绪以及你是想让她安静还是兴奋，我们可以选择不同类型的音乐然后随之舞动，例如，爵士乐、流行音乐和古典音乐等。这个活动不仅对你自身有好处，同时也会刺激宝宝的前庭系统。当你的宝宝变得足够强壮，可以独立抬头时，你就不需要托着她的头部给她支撑了。

活动 3：抬起头，宝宝！

抬起头，宝宝！

让宝宝横向趴在你的大腿上，稍微抬高一条腿，这样宝宝就可以更容易地抬起头。这样的姿势会要求宝宝克服头部的重力来抬头，并且会帮助宝宝增强颈部的肌肉力量。这个年纪的宝宝会很容易疲倦，所以要慢慢的让她适应这个姿势。进行这项活动时宝宝可以看到周围发生了什么，如果房间里没有足够的娱乐刺激，你可以用玩具、摇铃或婴儿镜来让她开心。

真心话时间

baby talk（故意模仿宝宝说话），也被称为"父母语"，指的是父母和婴儿看护人对宝宝说话时本能地用夸张、缓慢的语气模仿小宝宝说话。这种类型的话语对宝宝的生长发育至关重要，因为它会帮助宝宝注意到词语并且学习语言的各种组成部分。

活动 4：躲猫猫

宝宝通常都会喜欢玩躲猫猫和"抓到你啦"的游戏。将宝宝放在地板或床上的毯子上，并在她的头部下方垫一块柔软的折叠起来的面巾或口水巾来作为支撑。将一个小枕头或卷起来的毛巾放在宝宝的大腿下面，以使她的膝盖略弯曲。这对于宝宝来说应该是一个很舒适的姿势。

要玩躲猫猫的游戏，需要坐到宝宝的面前。首先用双手或围巾遮住你的脸，然后再露出脸来，同时喊道："在这里！""抓到你啦"的游戏规则也很简单，只需要挥舞着手臂张牙舞爪地往宝宝的方向移动并告诉她："我要去抓你啦！"你也可以说出你想够到她身体的哪一部分，比如"我要抓你的肚脐眼"，或者"我要挠你的脚趾头"。身体前倾，然后一边轻轻地抓着宝宝或挠她的痒痒一边说："抓到你啦！"你笑得越开心，越频繁地亲吻和拥抱你的宝宝，她就越有可能和你一起笑。

在玩这些游戏的时候，也可以让宝宝仰躺时做一些腿部运动。轻轻地抓着宝宝的双腿，引导她做行走或蹬自行车的动作。过一会之后，可以换成活动宝宝的胳膊，引导宝宝做拍手的动作。宝宝会很喜欢这些动作，而且这也是有助于提高宝宝身体意识的很好的活动。

活动 5：笑脸玩具

笑脸玩具的制作方法非常简单。自制的笑脸玩具会让你的宝宝得到很多的乐趣！你可以用黑色或红色无气味的马克笔在白纸板上绘制笑脸。也可以用红色或黑色的卡纸剪出不同的简单的脸部图形，并将其粘贴到白纸板上。如果条件允许的话，可以使用层压机，在上面覆一层膜以保持形状的完好，或者可以简单地贴上一层膜。把做好的笑脸玩具挂在尿布台旁边的墙上，以便在换尿布的时候吸引宝宝的注意力。

另外一个有趣的制作活动是用黑色和红色的卡纸剪出一些大大的图案，如圆圈、条纹、方块、叉形和曲线等基本图形。然后将它们粘贴在一小片海报纸上并用力按压或贴上一层透明粘纸。你的宝宝会很喜欢看这些图形的。因而在换尿布的时候也可以让宝宝来观察这些图形，或者把海报纸贴在宝宝安全座椅的前面，这样乘车出行时宝宝随时都可以看。我就是这么做的，我的宝宝们可喜欢了！

自制玩具　临时摇铃

可以用一个旅行装的漱口水瓶制作一个简易的摇铃，来刺激宝宝的视觉和听觉发展。撕下漱口水瓶上的标签，把瓶子彻底清洗干净，并等它完全晾干。用色彩鲜艳的珠子填满一半的瓶子（可以选择 Mardi Gras 的珠子，用剪刀把串珠剪断即可），然后用无毒胶水将瓶盖固定好。注意要等胶水充分干燥以后才能使用。摇铃游戏有助于发展宝宝手臂和手的动作能力，如伸展、抓握和操作能力。请记住，在制作摇铃时，要确保摇铃轻便且易于宝宝抓握。

活动六：摇摇铃，翻翻身

如果你的宝宝试图从躺着翻身成趴着，那么这个有趣的活动可以鼓励宝宝去努力尝试。首先让宝宝仰躺在毯子上，把摇铃放在她胸口上方约 15 厘米的地方，然后摇晃摇铃来吸引她的注意力。当宝宝伸出一只手去抓摇铃的时候，继续摇晃摇铃同时慢慢地朝着宝宝另外那只手的方向移动。把摇铃拿到另外一侧宝宝恰好够不到的位置，这样的话当宝宝朝着摇铃的方向去伸手时，会造成一个身体的翻动。如果宝宝不能完全翻过身来，请轻轻扶着她外侧的臀部或大腿，小心翼翼地引导她把身体翻过去。一旦她翻身为俯趴了，帮她稍微调整一下姿势，让她靠在自己前臂上，这对于她来说会是一个比较舒服的姿势。

小贴士　安全地裹紧宝宝

　　用毯子裹紧宝宝，会让她感到安全和放心，但是要确保你裹住宝宝的方式是正确的。如果宝宝被包裹得太紧的话，会不利于髋关节的发育，而且可能会导致宝宝将来髋骨出现问题。一定要注意不要把毯子在宝宝的髋骨附近缠绕得太紧，要给她留出足够的空间来移动她的腿和臀部。

　　当你的宝宝被裹在毯子里时，要注意不要过热，以免增加婴儿猝死综合征的风险。如果她看起来不舒服或不开心，不要太担心，这说明你包裹她的方式可能不太适合她。你的宝宝会让你知道她喜欢什么和不喜欢什么，所以只要按照她给你的提示做就好。在包裹宝宝的时候，宝宝应该保持仰躺的状态。不要在宝宝2个月大以后还裹着她，因为她有可能会裹着毯子翻身成侧躺和俯卧，这大大增加了婴儿猝死综合征的风险。

正在发展的能力：目标明确的运动

　　几周的时间很快又过去了，现在宝宝对自身运动的控制能力更强了。正如我们在第二章所讨论的那样，大运动能力，即控制身体大肌肉的能力的发展先于精细运动，也就是控制身体小肌肉的能力。在宝宝发育的这段时间里，给她足够的空间来活动胳膊和踢腿是非常重要的。她在移动手的时候会很喜欢盯着自己的手看，她甚至可能会把脚放在嘴里来探索。要给宝宝提供足够的机会去伸手、踢腿、翻身和探索，这将有助于宝宝运动能力的发展。

护栏垫：美国儿科学会建议父母不要使用护栏垫

父母们经常会在婴儿床上安装护栏垫来防止宝宝头部撞到床的木板条，但是并没有证据可以证明这类产品会防止宝宝受伤。事实上，对宝宝来说，护栏垫是存在一定危险的。你可能会忍不住使用缓冲垫，尤其是当你发现宝宝睡觉时朝床边滚动或移动时。但是美国儿科学会的官方建议是，鉴于护栏垫可能会导致窒息、缠勒或围困的危险，请父母们不要在婴儿床上使用护栏垫[70]。如果你的宝宝的床上有护栏垫，请立即将它拆除，不过如果你想要制作下一页中描述的自制俯趴枕的话，就不要把它丢掉。

鼓励有目的的运动和促进亲子关系的游戏活动

下面这些活动不仅有助于增强宝宝的肌肉力量和协调能力，而且会为你提供极好的可以与宝宝交流感情的机会。

活动 1：俯趴长枕

准备好自制的小长枕，或者将薄毛巾或毯子卷成长枕的形状，横着垫在宝宝的胸下。把宝宝的手臂搁在小长枕上，双手放在前

自制俯趴长枕

在宝宝俯卧的时候，偶尔在她的身下垫一个小长枕会对她很有益处。所以为什么不把那些不安全的、宝宝不再需要的护栏垫升级改造为完美的婴儿枕。事实上，我们需要做两种尺寸的枕头，因为宝宝在刚出生的最初几个月里需要一个特别小的长枕，而她长大一点后，就需要一个大一些的长枕了。请注意，只有在宝宝清醒且有人看护的情况下，才能使用俯趴长枕。

需要准备的物品如下。

- 护栏垫或旧棉被

- 软的麻线

- 可重新利用的废旧床单一条、枕套一个或一些棉布

- 装饰丝带

- 针和线

要制作小长枕，首先需要把护栏垫裁成45厘米的长条带。沿对角线将长条带紧紧地卷起来，使其最终宽度为30厘米、直径约为10厘米。在护栏垫外面缠绕上好几圈麻线以固定形状，然后打结系牢。将床单、枕套或棉布裁剪成比护栏垫的每一边都宽10厘米的尺寸，并确保布料有足够的长度可以覆盖住护栏垫的两面。你可以使用锯齿剪刀，或者条件允许的话可以使用缝纫机，将床单边缘缝纫为荷叶边。将护栏垫塞进

缝好的床单内，然后取两条麻线，将两端紧紧固定，看起来就像是一块被包裹好的糖果。最后用装饰丝带在两端各打一个小巧漂亮的蝴蝶结以遮盖住麻线。这样俯趴用的小长枕就做好了！

要做一个大一些的长枕，只需用相同的材料重复该过程即可，不过要注意将尺寸调整至宽度约为 45 厘米，直径约为 20 厘米。

方并向前伸展。宝宝的下巴也应该大致处于长枕前方的位置，这样才能保证她的嘴巴和鼻子可以顺畅地呼吸。在宝宝俯趴时，低款的护理枕头也可以为宝宝提供同样的支撑。如果宝宝趴在长枕或护理枕上时表现出不舒服，可以试着慢慢地左右摇晃她，或者一边哼歌一边轻拍她的臀部。这样的晃动和旋律应该会帮助她忍耐较长时间的俯趴。

如果你的宝宝不能忍受这个姿势，可以在她面前放一个宝宝安全镜子来转移她的注意力，或者你可以面朝宝宝躺下来，与宝宝进行眼神交流，你会发现宝宝很喜欢盯着你的脸看。这个活动为你和宝宝提供了

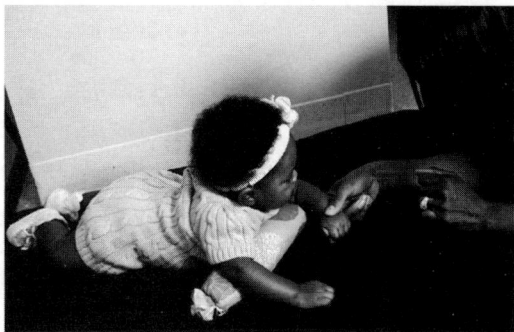

俯趴长枕（要有人时刻在旁边看护）

可以进行情感联结和互动的绝佳的机会。宝宝在俯趴时，只能偶尔使用长枕或护理枕头，因为在它们的辅助下，宝宝的肌肉并不能得到充分的锻炼。

如果宝宝在俯趴时不能抬起头，那么用手轻轻地向着脚底的方向按压她的背部下方或臀部，把身体重心从她的上半身转移到大腿附近，这样会使她更容易地撑起手臂和抬起头。

活动 2：粘玩具

这项活动是基于美国肯尼迪克里格研究所进行的一项研究任务[71]。研究任务要求 3 个月大的宝宝在玩游戏时手上戴着带有魔术贴的连指手套，这使得他们可以借助魔术贴的帮助来抓握和移动玩具。让宝宝戴着手套来摆弄玩具增加了他们对人脸的兴趣，这表明宝宝的运动能力与社会发展之间存在一定联系。这个活动看起来似乎会让宝宝享受很多的乐趣！

要制作这样一副手套，你需要准备一副婴儿手套（或一双婴儿靴）和背粘魔术贴。在每只手套正面靠近指尖的部位粘上若干条短魔术贴。然后选择一个大小适宜、适合宝宝抓握的玩具，并在上面粘上魔术贴较硬、有着带钩刺毛的那一面。与普通玩具相比，能发出咯咯嘎嘎声音的玩具会给宝宝提供更多的刺激。手套制作完成后宝宝就可以戴着去玩了！

只要宝宝可以自由地活动手臂，无论是什么姿势，你都可以和宝宝进行这项活动。例如，你可以让宝宝背靠着你坐在你的一条大腿上。首先，把手套套在她的小手上。如果宝宝坐在你的右腿上，就用左手拿着玩具放到她可以够到的地方，这样当她伸手去碰玩具时，玩具就会粘在手套上。在来回晃动玩具的同时你可以多跟宝宝说说话，多多鼓励她去抓玩具。一旦她碰到了玩具，并把玩具粘到了手套上，仔细观察宝宝接下来的动作。她在移动玩具的时候是一直看着她的手吗？还是一直看着玩具？给宝宝足够的时间让她理解当她移动手臂的时候，玩具也在移动。

请把魔术贴手套放在随手可以拿到的地方。你肯定会想让宝宝再次尝试这个活动的。

活动 3：和你一起微笑

当宝宝趴在地板上时，你或者宝宝的哥哥姐姐也面朝着她趴在地板上。如果她还不能很好地控制头部，可以

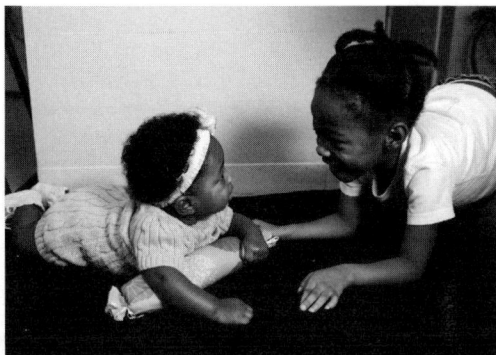

和你一起微笑

轻轻地托起她的下巴来帮助她看到你的脸。比起其他的图像，宝宝更喜欢人的脸，尤其是你的脸！在宝宝快到 4 个月大时，她会更频繁地与别人互动并且喜欢以她的方式吸引别人的注意力。通过冲她吐舌头、微笑和做鬼脸来试着逗她笑。谁知道结果会怎么样呢？你甚至可能会听到宝宝第一次发出咯咯咯的笑声！

活动 4：摇摇铃

让宝宝仰躺在毯子上。在宝宝的头部右侧摇晃腕铃，以鼓励她朝着声音发出的方向转头。之后再把腕铃移到宝宝的头部左侧

自制玩具　彩色的腕铃和脚铃

我的宝宝们特别喜欢腕铃和脚铃。我只是很简单地在宝宝的一只鞋上缝上一个小摇铃，他们就会特别开心地玩个不停。如果你喜欢自己动手的话，可以按照下面的方法缝制一个腕铃或脚铃。

请准备好以下物品。

- 若干块结实的彩色棉布
- 一条1厘米宽的丝带
- 一把剪刀
- 针和线
- 两个中等大小的铃铛
- 魔术贴

拿出若干块结实的彩色棉布，用剪刀裁剪成你喜欢的形状，宽度为2～4厘米。我个人而言更喜欢星星和月亮的形状。将两片裁好形状的布片贴合在一起，布料的背面朝外，然后将边缘紧密地缝合好。注意要留出一个小开口来放小铃铛。把布片从小开口整个翻过来，让棉片的正面朝外。把两个小铃铛塞进去，再填充进少量的棉花，最后把开口彻底缝合。使用1厘米宽的与棉片颜色互补的彩色丝带来制作腕带，腕带的长度可以通过测量宝宝的手腕大小来确定，要注意的是因为需要把魔术贴的两面分别缝到腕带的两端，所以两端各需要余出1厘米的长度。将铃铛缝到腕带的中心部位以后，手工腕铃就做好了。终于完成了！

记住，当宝宝在玩自制的摇铃时，一定要密切关注着她以防意外发生。

摇晃，以吸引宝宝朝这一侧的方向转。因为宝宝还没法控制手部的抓握动作，所以佩戴腕铃是一个很好的选择。将腕铃像手镯一样套在宝宝的手腕上，当宝宝的手移动时，她会听到铃铛的响声，这会让她很开心。过一段时间后，可以将腕铃转移到宝宝的另一只手腕上。这个奇妙的工具可以帮助你的宝宝探索她的双手，同时也教给她关于声音的知识。随着她的手臂的每一次摆动，腕铃会发出响声并刺激宝宝的听觉发展。你甚至可以把摇铃系到宝宝的脚踝上来看她的反应！这些摇铃也会刺激宝宝的视觉发展，因为在你移动摇铃时，她可能会转头去看摇铃。这个活动会让宝宝第一次学习了解因果关系！

活动 5：翻翻身

当你的宝宝开始对从俯趴到仰卧的翻身表现出兴趣时，你可以进行这项活动来促进她的发展。当宝宝俯趴时，坐在宝宝的面前，把她的临时摇铃拿到一侧，并摇晃。当她朝那个方向望去的时候，扶着她的肩膀，引导她从俯趴翻身成侧卧的姿势，这个时候她可能会想要努力把整个身子都翻过去，要是这样就太棒了！确保你的手一直扶在她的肩膀上，以防她需要帮助。在整个过程中，要确保翻身动作轻柔且缓慢。翻完一次身子后，让宝宝休息一下，然后从另一侧的方向再重复一遍这个翻身动作。记住，不要强迫宝宝去掌握一项技能，不要揠苗助长。如果她不想尝试翻身，那么等她准备好后再进行这项活动。

活动 6：抬高高

宝宝对头部的控制应该是不断增强的。一旦她能够短暂地抬

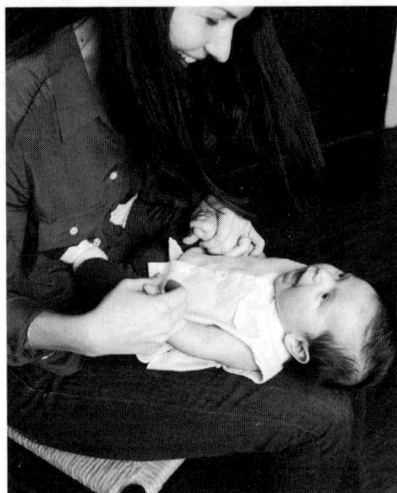

抬高高

起头，就可以进行这项活动了。你可以坐在椅子上，让宝宝面朝着你平躺在你的大腿上，慢慢地抬高大腿将她的上半身抬起来、放下，然后再轻轻地抬高。如果你不想让宝宝把头向后倒的话，可以在她需要的时候给予她的头部一定的支撑。慢慢地靠近她的脸，给她唱歌或冲她做鬼脸来吸引她的注意力。她会喜欢这个抬高放低的动作以及你们之间的互动的。

你能相信你的宝宝已经出生3个月了吗？开心的时间总是短暂的！通过进行本章所建议的这些活动，不仅会帮助促进宝宝的成长和发育，而且你会和你的宝宝一起度过一段特别的时光。

与营养和身体活动一样，跟孩子之间的亲密联系也在宝宝的发展过程中起着至关重要的作用。事实上研究表明，婴儿会利用他们的情绪来确保他们与父母之间的亲密联系[72]。这是什么意思呢？当你的宝宝想要你到她身边的时候，她会哭泣！这是她和你交流的方式，所以对宝宝的哭泣保持敏感且及时回应她的哭泣是很重要的。这会让你的宝宝感到安心，并且会加强你们之间的联系。随着你花更多的时间与宝宝一起参与本书所推荐的这些活动，你和宝宝之间的情感联结会变得更深。

第七章

增强成长发育的活动：
适合4~6个月的宝宝

　　宝宝从 4 个月长到 6 个月了，在这期间，他的感官运动能力迅速发展，因而这段时间的宝宝情绪行为尤其兴奋。随着宝宝越来越了解周围的环境，他会喜欢检查他能摸到的任何东西。这是一个鼓励宝宝接触、抓取、拍击、翻身以及坐起来的好时机。在这段时间里，尽可能频繁地和宝宝说话，因为这个年龄段的婴儿会仔细聆听你说的每一个字！慢慢来，不要着急，好好享受与宝宝在一起的珍贵时光，因为不久之后，宝宝就会独立不再那么依赖你了。

4～6个月的宝宝的发展指标

在宝宝4～6个月时，看看他是否展示以下能力。

◎不熟练地抓握玩具

◎把两只脚抓到嘴边玩

◎俯趴时抬起头挺起上身

◎伸手去抓玩具

◎捡起摇铃

◎拿着摇铃

◎抓着一个立方体

◎用双手拿着小玩具

◎从趴着翻身成躺着

◎从躺着翻身成趴着

◎用手掌和手指抓着小玩具

◎每只手都拿着一个玩具

玩具建议：4～6个月

以下是一些适合4～6个月宝宝的玩具。请记住，在宝宝睡觉时不能把这些物品留在婴儿床上。

◎五颜六色的塑料钥匙

◎腕铃和脚铃

◎连在一起的塑料环

◎有纹理的玩具

◎布制成的或乙烯塑料制成的书

◎婴儿用安全镜子

◎软的堆叠积木块

◎软的堆叠套环

◎软的 20 ~ 30 厘米的球

◎能发出声音的玩具，如小摇铃或沙锤

◎串成一串的大珠子

作为家长，我很高兴现在有这么多支持宝宝发展、帮助宝宝开发潜能的活动。请父母们明智地使用各种设备，并且在愉快地与宝宝进行下面这些活动的同时，增强宝宝的力量、平衡和协调能力以达到发展指标。本章中介绍的许多姿势和活动也适合与超过 6 个月大的宝宝一起进行。

正在发展的能力：拍击和视觉追踪

在接下来的几个月里，当宝宝变得更愿意用眼睛去看周围的世界时，宝宝会更加有意识有控制力地做动作。他的视线会开始随着物体移动，他会积极地用手臂去拍击各种物体。这些看起来像是随机的动作，但是它们正变得越来越有目的性。如果宝宝还不能做到伸手去抓取物体，他很快就会成功的。在这段时间里，宝宝会兴奋地探索这个伟大的世界！

玩具选择小贴士	
选择适合宝宝 年龄的玩具	一定要检查玩具包装上标明的推荐使用年龄范围。超龄的玩具可能给宝宝带来安全隐患，因为宝宝可能会吞咽一些小零件而导致窒息
可操纵的玩具	可以操纵的玩具，如形状分类积木、积木块和婴儿安全拼图，对于孩子的精细运动、认知和感知能力都是很有益处的。在获得重要的发展能力的同时，宝宝还可以享受很多的乐趣
耐久性	考虑一下这个玩具能用多久、用多久会变形。它能不能水洗、构造是否结实、耐不耐用、安不安全
安全第一	检查玩具上的所有松动的小零件。要记住，长长的丝带和串珠可能会导致安全问题。而且请务必定期擦拭干净所有玩具
需要多种感官 并用的玩具	五颜六色、质地不同的玩具会吸引宝宝的注意力，并且刺激他的各种感官。乐器玩具、纹理拼图、移动玩具和婴儿用安全镜子是可以同时发展宝宝多种感官的极好的选择

摇椅：每天使用时间不要超过 30 分钟

当脏衣服堆成一堆，或有许多的家务需要你去做的时候，你可能会想到把宝宝放进摇椅里面，让他自己玩一会儿，尤其是宝宝看起来也很喜欢待在里面。大多数摇椅都带有悬挂式玩具，而制造商们声称这些玩具会"鼓励宝宝去触摸、拍打、挥动和拖拉而且会增强宝宝的眼手协调能力"。许多宝宝会安静地坐在摇椅里，盯着眼前的玩具，然后偶尔拍打一下，在很长一段时间里宝宝都会保持这个状态。因为悬挂在摇椅上的玩具是静止的，所以只是看着它们并不会提高宝宝的视觉追踪能力，而且挂在宝宝上方的玩具可能会过度刺激到他。除此以外，如果宝宝在摇椅中待太长时间的话，他的主动运动和探索就被限制了，因此，不要屈服于过度使用摇椅的诱惑。

如果你有一个摇椅，保证宝宝每天的使用时间不超过 30 分钟。当宝宝满足地坐在摇椅里时，你可以趁这个时间叠一叠衣服或拖一下厨房的地板。但 30 分钟过后，把宝宝从摇椅上抱下来。如果可能的话，把宝宝待在摇椅里的时间分成两个 15 分钟或三个 10 分钟。

保证宝宝的安全

当宝宝坐在摇椅里时，一定不要将摇椅放在桌子、沙发、厨房台面或床上。摇椅可能会从这些高处跌落下来伤到他。

活动：适合 4 ~ 6 个月的宝宝的游戏活动

这里列出的许多活动都有利于宝宝眼手协调能力的发展。这些活动是如何做到的？当宝宝注视着移动的物体并抬手挥打它们时，需要同时用到眼睛和手部的肌肉。同时这些活动也涉及非常丰富的语言环境，这意味着它们会提供给宝宝大量的机会进行言语和社交互动。好好享受与宝宝进行这些活动的美好时光。

活动 1：绳子上的木偶

把宝宝最喜欢的玩具绑在一小段丝带上。（注意：请小心使用丝带，确保它只有 7 ~ 10 厘米长。不要让你的宝宝拿丝带或绳子玩，因为这会带来窒息的危险。）小心地把宝宝平躺着放在毯子上，在宝宝头部上方触手可及的范围内，摇晃这个玩具。鼓励他伸手去拍打玩具来让它移动。如果他不动，那么就抓着他的手引导他去拍打。一旦他成功击中玩具，兴奋地表扬他："真棒！你摸到了玩具！你看，玩具动了！"

慢慢地将玩具从一边移到另一边，然后再上下移动，偶尔停下来让宝宝从不同的方向去触摸和拍打玩具。宝宝每次成功碰触玩具后一定要记得称赞他。这项活动会锻炼宝宝的眼手协调能力、视觉追踪能力，并刺激语言发展。使用一个会制造出声音的玩具，如摇铃会增加这项活动的趣味性——这个玩具你可以自己来制作。

活动 2：摇起来，宝贝

在宝宝 4 或 5 个月大的时候，他会开始在不转动头的情况下移动眼球，这就是视觉追踪的开始，视觉追踪是眼睛能够顺畅、协调地追踪移动物体的能力。这项活动有助于增强将来发展阅读和写作能力所需的视觉追踪能力。在这个过程中，宝宝视觉对焦的能力也会得到提高，所以在游戏过程中一定要加入鼓励视线对焦和追踪的活动。下面就是一个很好的例子。

当宝宝仰卧时，在离宝宝约 25 厘米的地方摇晃摇铃。一旦宝宝把注意力集中在摇铃上，上下移动摇铃，同时给予他足够的

自制玩具　婴儿靴摇铃

你有多少次洗完了一大堆衣物，却发现宝宝的一只靴子不见了？幸运的是，你不需丢掉剩下的那一只靴子。你可以用一个非常棒的方法把它变成一个可爱的婴儿摇铃。要完成这个摇铃，你需要准备以下材料。

- 一只可爱的，彩色的婴儿靴子
- 棉絮
- 两个小铃铛
- 彩色的丝带
- 一个空的、对儿童安全的、旅行装大小、圆柱形的装对乙酰氨基酚（儿童退热药）或布洛芬（儿童退热药）的瓶子

把铃铛放在药瓶内，并将瓶盖拧紧。将棉絮密实地填充满婴儿靴的尾端，然后把装有铃铛的药瓶放进靴子里。接下来从靴子开口处把棉絮塞进婴儿靴的另一端(要把棉絮按照靴子前端的弧度按均匀)，然后把开口处整齐地缝合起来。之后拿出丝带，将它紧紧地缠绕在靴子中央药瓶正上方的位置，这样就给这个摇铃安了一个可以拿的手柄。将丝带的末端塞进缠起来的丝带里面，并用针线缝合固定好。

时间让他用目光追随摇铃。把摇铃放回中间，然后再稍微向左向右移动。在这个过程中，仔细观察，看看宝宝是否继续用目光追随摇铃。如果你发现他移走了目光，再次摇动摇铃来吸引他的注意。（注意：你可能需要轻轻地托住宝宝的头部，以防止他随着摇铃的移动而转动头部。在进行这项活动时，为了确保只有宝宝的眼睛在移动，宝宝的头部应该保持静止不动。）

在练习视觉追踪之后，你可能会像以前的活动一样，鼓励宝宝去拍击或伸手抓。轻轻摇动摇铃，把它放在宝宝正前方他能够碰到的地方。如果他没有伸手出来抓，但似乎是感兴趣的，可以引导他来抓。当他摸到摇铃时，要及时表扬他："真棒！你摸到了摇铃！"他可能会试着抓住摇铃，如果他这样做了，就让他抓着。他可能会用一只手握住摇铃，用另一只手来操纵或触摸它。这很好——这说明他正在使用治疗师所称的双边技能！

活动 3：聊天

可以通过与宝宝聊天的方式来跟他玩耍。当他仰卧在床上时，你可以一边做家务一边跟他聊天。如果你正在清洗餐具，那么你可以告诉宝宝盘子的颜色来让他了解你正在做什么；或者你也可以一边数食物的数量一边把食物放进储藏室。在日常生活中，很容易就能找到这样的交流机会。在整理衣物时，你可以告诉他每件衣服的颜色，在做饭时你可以告诉他你在用什么食材，或当你在餐桌上摆放餐具准备吃饭时数餐具的件数。你的宝宝会一直听你讲话，并且一直跟你学习。他在这个年纪所获得的每一点信息都会为他将来的沟通能力奠定基础。

活动 4：摇摇摆摆

让宝宝俯趴在你的胸前，稳稳地抱着他。左右摇晃你的身体来让宝宝感受这种摇动。如果宝宝不喜欢俯趴的话，这会是一个很好的可以让他安静下来的办法，而且，这样摇动会很好地刺激宝宝的运动系统。当你来回摇晃时，要多跟他说话或唱歌。这个时候我最喜欢的儿歌是"Row，Row，Row Your Boat（划呀，划呀，划小船）"。

- -

Row, row, row your boat

划呀，划呀，划小船

Row, row, row your boat,

划呀，划呀，划小船，

Gently down the stream.

轻轻地顺着小溪划。

Merrily, merrily, merrily, merrily,

乐哈哈，乐哈哈，乐哈哈，乐哈哈，

Life is but a dream.

生活像梦幻。

- -

活动 5：魔毯之旅

在地板上铺一条毯子，把你的小宝贝放在上面，让他肚子朝下俯趴在毯子上。可以选择带有醒目有趣图案的毯子（如形状对比鲜明的和材质不同的），以提供给宝宝多种感受和刺激，从而吸引他的注意力。更好的选择是，制作一条活动毯！准备一条普通的毯子，在上面分散布置几件色彩鲜艳的有趣玩具。如果他试图去抓住其中一个玩具，要确保玩具的尺寸和宝宝手的大小相匹配。

这个活动可以让你的小宝贝在一段时间里自己一个人也可以玩得很开心——这会增加宝宝注意力集中的时间。宝宝可以自己一个人玩耍是一件好事，这让你在看着他的同时还有时间去从事编织或阅读等自己的爱好。

如果你的宝宝变得无聊不高兴了，可以和他说说话。如果你正在看书，每隔一段时间可以用生动的语言大声朗读一段话，以此来吸引他的注意力。只要你的语言生动，同时注意变换音调，读什么内容并不重要。你的宝宝会很喜欢听你朗读。

当宝宝在地板上独立玩耍的时候，你甚至可以做些运动来锻炼身体。例如，坐在宝宝附近的垫子上，做仰卧起坐、俯卧撑和抬腿运动。你的动作会引起他的注意并让他开心。偶尔可以跟宝宝说一下你正在做什么来给宝宝提供一些语言刺激。在整个活动过程中，你的宝宝会通过俯趴练习增强肌肉力量；而且俯趴会缓解宝宝平躺时头部所承受的压力。（注意：在你进行体育锻炼的整个过程中一定要密切关注你的宝宝。）

活动6：拔出围巾！

宝宝喜欢色彩鲜艳的围巾，所以不要扔掉那些已经旧了的、过时的围巾。准备一个卷纸用完后剩下的卷纸筒或礼品包装纸用完后剩下的硬纸筒。用剪刀把纸筒剪成20厘米长。把围巾塞进纸筒里面，然后给宝宝演示如何把围巾拉出来。鼓励宝宝将围巾塞回筒内，然后从另一侧拉出来。一定要在宝宝需要的时候帮助他。你也可以把几条围巾绑在一起，把它们塞进纸筒或更大的容器中。你的宝宝会喜欢把围巾拉出来，再把它塞回去的这个过程的。要记得在他完成这个活动后及时地表扬他！

真心话时间

　　研究显示，在宝宝小的时候，他与父母以及看护人之间的互动是非常重要的。积极的互动是情感交流过程的重要组成部分，如果宝宝与父母双方建立起稳定的情感联系，他的情绪管理和认知能力会发展得更好[73]。

正在发展的能力：翻身、力量增强、平衡能力和运动

　　当发展到这个阶段时，宝宝就可以开始独立运动了，比如完全靠自己从趴着翻身成躺着。在宝宝大约 6 个月大时，他可能就能独立地从躺着翻身成趴着。由于翻身会增强宝宝颈部、腹部、背部和臀部的肌肉力量，所以可以多多为宝宝提供练习翻身的机会。

　　许多婴儿喜欢被前后摇晃、上下晃动和被抱着走来走去。当他们在地上活动时，比如滚、滑、爬和走路时，需要良好的姿势控制力和肢体协调性，而在培养控制力和协调性的过程中，平衡感和身体的移动是很重要的。

少于四面的尿布台：请避免使用

如果你使用的尿布台少于 4 个侧面，一旦你的宝宝能够翻身了，他可能会从台上跌落下来，导致严重受伤。最新的安全标准要求所有的尿布台都必须有 4 个侧面。为了使用更安全，如果条件允许的话，可以用安全带把宝宝固定在尿布台上。最重要的是，千万不要离开宝宝的身边，而且在换尿布时要一直用一只手扶着他。如果你的宝宝已经超过了 2 岁，不建议您继续使用尿布台。

锻炼核心肌肉的活动

以下活动可以很好地锻炼宝宝的核心肌肉，帮助他更容易地爬行以及坐起来。

活动 1："小猪游戏"

"小猪游戏"作为一项传统的、有趣的娱乐活动，已经盛行了好多年。它可以帮助宝宝了解自己的手、手指、脚和脚趾的位置。这个游戏会帮助宝宝提高身体意识。

玩这个游戏时宝宝需要保持仰卧的姿势，要把他的脚抬高以确保他能看见你扭动他的脚趾。首先，抓着宝宝的一只脚，扭一扭这只脚的大姆趾，然后，生动地跟歌唱一样念下面这首诗。别忘了在最后给你的宝宝挠挠痒！

扭完了宝宝这只脚的脚趾后，换到宝宝的另一只脚再念一遍这首小诗。做完"小猪游戏"之后，轻轻地扶着你的宝宝帮他从

This Little Piggy
这只小猪

This little piggy went to market (big toe)

这只小猪去了超市（扭大踇趾）

This little piggy stayed home (second toe)

这只小猪待在家里（扭第二个脚趾）

This little piggy had roast beef (third toe)

这只小猪吃了烤牛肉（扭第三个脚趾）

This little piggy had none (fourth toe)

这只小猪什么都没有（扭第四个脚趾）

And this little piggy went wee wee wee all the way home

(little toe)

这只小猪哼哧哼哧地一路跑回家（扭小踇趾）

仰卧翻身成俯趴。把摇铃或者其他有趣的小玩具放在他的面前，在他看到玩具后，把玩具移到左边或右边略微高于他头部的位置。当他看着你移动玩具时，他会不由自主地朝你放置玩具的方向翻身；如果他还不能完全把身子翻过来，可以轻轻地抓着宝宝背对着玩具的那一侧的大腿，略微用力帮他把身子翻过去侧着，然后再彻底趴下来。这个时候，你就可以在他的手指上玩"小猪游戏"了。让宝宝俯趴着玩这个游戏会增强他颈部、背部和上身的肌肉力量，也会帮助他更容易地去翻身和坐起来。

活动 2：巴士上的车轮

请准备好一个瑜伽球。让你的宝宝头朝前、背对着你趴在瑜伽球上，同时用手扶着他的臀部让球前后滚动若干次。在这个过程中仔细观察宝宝以确保他享受这个摇摆的感觉。这样摇晃会有益于他运动系统的发展，但是，请记住要始终把你的双手扶在他身上，以保证他的安全。在进行这项活动时，可以唱"巴士上的车轮"这首儿歌来添加一些乐趣。

The Wheels on the Bus
巴士上的车轮

The wheels on the bus go round and round

巴士上的车轮转啊转

Round and round, round and round

转啊，转啊，转啊转

The wheels on the bus go round and round

巴士上的车轮转啊转

All through the town

经过整个镇

活动 3：说说话，聊聊天

当你倚靠在床上或者斜躺在躺椅上时，把宝宝放在你的肚子上或胸口上。值得注意的是，你的上半身越是倾斜，宝宝抬起头部所需的力气就越多，因而宝宝的颈部和躯干的肌肉也就能够得到更好的锻炼。在这个过程中，你可以把枕头垫在你的头下面。

这个姿势会让宝宝直接看到你的脸，而且能让他更舒适地依偎在你怀里。这项活动可以让你和宝宝一起进行有趣的交流和互动，而且通过接下来的模仿游戏，可以促进宝宝的语言和社交能力的发展。你可以从鼓励宝宝模仿"哦，啊"的发音开始，然后再教他"pa,da,ma"等。当宝宝模仿你发出"啊啊哦哦"的声音时，相应地你也要模仿宝宝的发音，因为这不仅会加强你与宝宝之间语言上的互动还会促进宝宝的语言发展。留心观察宝宝的眼睛，你会发现他其实一直在用一种非语言的表达方式——眼神和你交流。对话交流其实与眼神交流相似，只不过你们交流所使用的是他自己的语言！这样的互动方式会在愉悦宝宝的同时刺激他的语言发展，而且用宝宝自己的语言与他进行一对一的对话也是你们之间很不同寻常的一种相处方式，会为你们创造值得回忆的美好时光。

小贴士　新奇的瓶子

当你的宝宝表现出喜欢触摸或者拿瓶子时，你可以把一些不同材质的发圈套在瓶身上，以引起宝宝更多的关注。把宝宝的小手放到瓶子上，让他感受一下不同材质摸起来的感觉。这一点点新奇的感觉会促使宝宝延长拿着瓶子的时间。

活动 4：模仿游戏

在地板上铺上一条毛毯，和你的宝宝面对面地趴在毛毯上，这是一个特别适合和宝宝一起玩模仿游戏的姿势。你可以和宝宝面对面,然后鼓励他去模仿你的面部表情和声音。你可以对着宝宝做一些这样的动作:吐舌头、咧嘴大笑、咂舌或者吹口哨。注意,为了保证你的宝宝有充足的时间去尝试模仿,你的每个动作都要尽量做得慢一些。这个时候,你可能会惊讶地发现,宝宝竟然会如此乐意和开心地模仿你的这些表情。当他模仿得很好时,请及时给予他鼓励,比如表扬他:"做得真棒!你刚刚笑得和爸爸一模一样!现在,你可以再像爸爸这样,吐一吐舌头吗?"这样的游戏不仅能教会宝宝模仿,而且有助于延长宝宝集中注意力的时间并增强他的社交能力。

活动 5:骑马游戏

坐在地板上双膝向上弯曲,然后把宝宝放在你的膝盖上让他

骑马游戏

背对着你坐直,同时用手扶着他的胳膊或屁股。告诉宝宝不要害怕,你会稳稳地扶着他玩骑马的小游戏。缓慢地左右晃动你的双腿,让宝宝感觉仿佛正在骑着小马前行。他应该会很喜欢这个游戏!你可以一边移动双腿,一边哼着下面这首歌谣(见127页)。当你唱到"不要摔倒"的时候,你还可以配合着将双腿向前移动。

❤♡❤♡❤♡❤♡❤♡❤♡❤♡❤♡❤♡❤♡❤♡❤♡❤♡❤♡❤♡❤♡❤♡❤♡❤♡

The Horsey Song

小马歌

Ride a little horsey

骑着我的小马

Down to town

去小镇

Oops, little horsey

哎呀我的小马

Don't fall down!

不要摔倒！

❤♡❤♡❤♡❤♡❤♡❤♡❤♡❤♡❤♡❤♡❤♡❤♡❤♡❤♡❤♡❤♡❤♡❤♡❤♡

活动 6：起起起

平躺在地板上，双膝向上弯曲，脚掌贴于地面，然后让宝宝面向你端坐在你的大腿上，他的肩膀应该刚好能贴靠在你的大腿上（你可能需要把一个枕头垫在你的头下）。这是一个极好的可以与宝宝玩耍、唱歌和互动的姿势，这个姿势同样也可以用来进行语言模仿练习。请注意，如果宝宝还不能很好地利用自己的颈部力量来抬头，你需要确保宝宝的头部依靠在你的腿上并且与身体对齐。

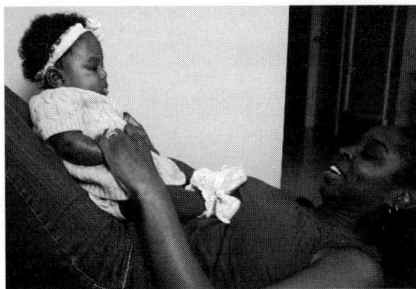

起起起

　　保持这个姿势与宝宝玩耍一会儿后，你可以将双脚慢慢向前滑动，使膝盖缓慢降低，这样宝宝就变成后倚在你的大腿上了。让宝宝牢牢抓住你的双手，你可以一边说"起来，起来，我们起来咯"，一边将他慢慢往回拉，使他又重新回到最初的坐姿。等宝宝稍坐一小会儿，你又可以一边说"下来，下来，我们下来咯"，一边将他缓缓放下让他仰卧在你的大腿上。请注意，在整个过程中，你腿部的姿势是保持不变的。这项活动不仅会非常有趣，而且会提高宝宝的抓握能力，增强他上肢的肌肉力量和躯干的稳定性。

　　在我自己的孩子们还很小的时候，我最喜欢用这种姿势来教他们模仿不同动物发出的声音。我首先会告诉他们动物的名字，然后再模仿这种动物的叫声，并且向他们描述这种动物的一些特征。比如马，我会这样向孩子们描述，"马就是一种身形高大，跑起来很快的动物，它叫起来就像这样，'嘶，嘶'。"当然了，要想教会宝宝动物们的叫声，还有一种有趣的办法是给他唱那首经典的歌曲《Old MacDonald Had a Farm》。

**真心话
时间**

　　婴儿的作息时间一般要在出生6个月左右以后才会变得有规律，在此之前，他们睡觉的时间是不确定的。因而在早期的这段时间里，我建议宝宝的父母也将自己的作息调整到与宝宝一致，在宝宝睡觉的时候，也应该好好休息。

正在发展的能力：坐直身子，伸出手去抓握

当你的宝宝接近 6 个月大的时候，他对躯干的控制力将会继续加强，他可能会做到坐直身子并保持一小段时间。当他坐着的时候，他可能会伸出手去抓玩具，把他的双手叠在一起，然后在移动手的过程中会一直盯着手看。他甚至可能会自己移动手指，不过他还不能很熟练地控制这些动作。

宝宝坐立时是练习伸手和抓握能力的一个很好时机。随着宝宝不断地去伸手、抓握并把物品抓起来放进嘴里，他的平衡能力以及眼手协调能力会得到提高。强壮的躯干肌肉会为宝宝许多重要能力的发展提供坚实的基础[74]，所以，为了加强躯干的肌肉力量，本小节中的许多活动都涉及坐立、伸出双手和抓握的练习。

婴儿秋千椅：每天使用时间不要超过 30 分钟

尽管非常多的婴儿很喜欢在秋千椅上来回摆动，但是也有一些婴儿并不喜欢这种感觉。轻柔、有节奏的运动有利于婴儿感觉系统的发育，但秋千椅可能会因被过度使用而产生不利影响。当宝宝的头部倚靠在秋千的硬塑料外壳上时，他的头骨会遭受到很大的压力挤压，进而可能会导致头部扁平。除此以外，过长时间地待在秋千椅上可能会对宝宝正在发育中的脊椎造成压迫，因为在这个过程中他的脊椎底部一直支撑着整个身体的重量。如果你的家里有婴儿秋千椅，我建议宝宝每天使用秋千椅的时间不要超

过 30 分钟。很幸运的是，除了秋千椅以外，你还可以选择其他的方式将有节奏的运动融入到宝宝的日常生活中。

调整姿势锻炼平衡能力的活动

以下活动可以很好地替代婴儿秋千椅的作用，并有助于宝宝姿势和平衡能力的发展。

活动 1：我的宝贝

让宝宝趴在毯子上，在他的旁边坐下并把他圈在你的两腿中间。将宝宝的胳膊挪到你的大腿上，让他的双手伸向你的大腿外侧。这个姿势在锻炼宝宝颈部、背部和躯干肌肉的同时会为他的上半身提供支撑。而且也会增强他手臂和手部的肌肉。

一旦你的宝宝习惯了这个姿势，把你自制的宝宝很喜欢的那个摇铃放在他的面前。摇晃摇铃，哄着他把注意力集中在摇铃上。他一看到摇铃，很可能就会伸出一只手去抓它。如果他看起来并不想去伸手抓，可以轻轻拍打摇铃来引起他的兴趣。如果宝宝把摇铃抓到了手里，要引导他去摇晃它，给他展示摇铃是如何发出声音的。为了帮助他理解摇铃因晃动而发出声音，当他摇晃摇铃时，你要说："哇！你摇动

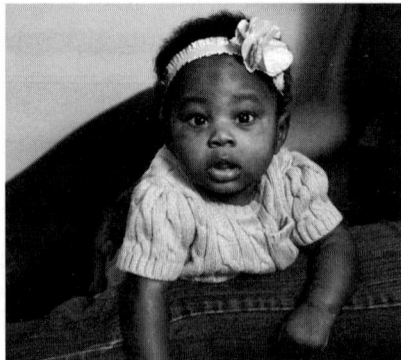

我的宝贝

自制玩具　堆叠积木块

软积木块可以用在有趣的发展活动中。当你的宝宝能够抓起这些积木块时，他会拿着积木块往地上砸，或者双手拿着积木块相互撞击。当你把积木块堆放在玩具塔上时，你的宝宝会挥手把它们敲下来。他会从这些活动中得到很大的乐趣。随着宝宝能力的提升，他甚至可以自己堆放 2 或 3 个积木块。

如何自制积木块玩具呢？首先收集各种不同大小的牛奶盒、小盒子和卷纸筒。确保纸盒已经被擦拭干净后，往每个纸盒里塞满报纸或卫生纸，注意不要塞得太满。这些纸盒的最终形状不能是圆形的，可以将外边折下来构成块状和圆柱体，然后用胶布或胶带将其密封好。最后用几种不同颜色的粘纸或彩色胶带覆盖住积木块的每一面。

这样你就拥有一套废旧物改造而制成的积木块了！

了摇铃，它就发出声音啦！"你可以通过这种方式来教给他因果关系的概念。

轻轻地将宝宝抓着摇铃的那只手移到空着的那只手旁边，看看他是否会把摇铃从这只手传到另一只手上。如果他自己并没有那么做，那就引导他去做。这样可以帮助他学会如何同时使用双手，并鼓励他将双手摆过身体中线——这是许多终生受用的能力，如走路、打字、接球、阅读以及写作等能力的重要前提。

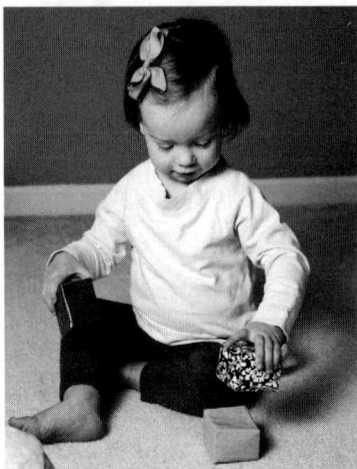

自由坠落

活动 2：自由坠落

当你的宝宝处于侧卧的姿势时，帮助他用贴近地面的那只胳膊的肘部支撑起身体。你可能需要把一只手放在他的肋骨下面来帮助他把自己的身体撑起来，让他从侧卧的姿势转换到端坐的姿势。

把自制积木块堆叠起来放在宝宝的面前，鼓励他去拍打或者伸手抓它们。确保把积木块放置在离他足够近的地方，以便他可以很容易地抓到它们。当你在把积木堆叠起来的时候，一定要跟宝宝解释你正在做什么，比如对宝宝说："我把这个蓝色的积木放在最下面。看！我把红色积木放在了蓝色的上面。"当积木堆好之后，给你的宝宝一个机会让他去把积木堆推倒。如果他自己并没有尝试去这么做，你可以抓着他的手引导他去把它们推倒。绝大多数的宝宝都很喜欢看到和听到积木块翻倒在地上！如果你的宝宝能够很好地适应这项活动，那么就让他换一个方向再来重复这个过程，把这些积木块再一次堆叠起来，让他用另外一侧的胳膊肘把身体撑起来并坐好以后，再让他推倒。

活动 3：我要去抓你啦

这项活动有利于提高宝宝身体的平衡能力。让宝宝上身挺直，面朝着你坐在你的大腿上。扶着他的臀部并对他说，"我要去抓

你啦"，然后上身前倾去亲吻他的脸颊、脖子或肚子。每当你说
"我要去抓你啦"，他就会稍微向后或向侧边闪躲。你也可以轻
轻抬高你的一条腿，这会要求他改变身体重心以保持上身直立的
姿势。你在交替抬高每条腿的同时可以念"我有一辆小自行车"

I Have a Little Bicycle
我有一辆小自行车

I have a little bicycle

我有一辆小自行车

I ride it to and fro

我骑着它来回穿梭

And when I see the big green light

当我看到大绿灯

I know it's time to go

我就知道该走了

I have a little bicycle

我有一辆小自行车

I bought it at the shop

我在店里买到了它

And when I see the big red light

当我看到大红灯

I know it's time to stop

我就知道该停下了

的小诗来增添乐趣。你的宝宝会非常喜欢这种互动，而且在互动过程中他所做的各种对姿势的调整有利于身体平衡能力的发展。

在进行这项活动的过程中，如果你发现宝宝在挺直背部的时候有些困难，那么一定要把双手扶在他的胸腔上来给他一些支撑。

活动 4：每天都在变强壮

让宝宝趴在横着放的自制俯趴长枕上，并将他的胳膊和腿摆成爬行的姿势。这样可以让他在用双手和双膝承担身体重量的同时腹部得到一定的支撑。这个姿势也是练习伸手抓握如自制摇铃等玩具的绝佳机会。他可以伸出一只手去抓玩具，然后用双膝和另外的那只手来承担身体的重量。所以，你只需要轻轻地在他的前面晃动摇铃，吸引他去伸手抓即可。

当宝宝还是保持爬行的姿势趴在长枕上时，抽走他肚子下方的长枕。这时他的姿势应该没有很大的变化，腿部还是弯曲缩在肚子的下方，同时膝盖弯曲，整个身体呈爬行状。把摇铃放在前面他恰好够不到的地方，然后把你的胳膊放在他的脚下，让他踩在你的胳膊上以获得助力。

你甚至可以轻轻地推动他的脚，以鼓励他回踩。他会很喜欢脚部的踩动带来的这种前进的推动力。如果他还不能完全靠自己来往前爬，可以轻轻地向前推他的屁股。他会感到更有动力地去抓放在他面前的玩具。

为什么要这么做？因为这样可以给宝宝提供充足的机会锻炼爬行，同时也鼓励他去四处活动和探索。这项活动会增强宝宝的腿部力量，为之后顺利的爬行打好基础。

自制玩具　松软的袜子球

大小不一的各种旧式玩具球都非常适合婴儿玩耍。准备几只不同大小的、干净的彩色袜子，将其裁剪成你喜欢的尺寸，并往里面填满棉花纤维。用婴儿湿巾的软包装纸裁剪出若干个大方块，然后将它们和棉花纤维一起塞在袜子里，这样在挤压袜子时就会发出沙沙的声音。最后，将袜子的开口紧密地缝合好。当你的宝宝在玩球时，他会很喜欢球发出的声音的。现在可以让你的宝宝开始练习控球和投球了！

活动 5：玩球球

一旦你的宝宝可以背部挺直地坐着，他就可以开始玩球球了。当宝宝坐着的时候，一定要在他的周围放一些柔软的毛毯或一个护理枕头，以防止他歪倒。把你自制的玩具球或者一个 20 ~ 25 厘米的软球放在宝宝面前的地板上，然后慢慢地前后滚动。向他展示如何用双手推开球，如有必要的话，第一次可以抓着他的两只手引导着他去推球。

现在坐在离他几米远的对面。慢慢地把球传给他，保证他的一只手可以碰到球，然后鼓励他把球滚回给你。随着宝宝滚球能力的提高，你可以往后退一点，稍微拉开你们之间的距离。这项活动会锻炼到宝宝的坐立平衡能力、眼手协调能力以及双边协调能力。

如果你注意到宝宝不能维持上身的直立，这意味着他感到累了，或者还没有做好独立坐直的准备。如果是这样的话，请坐在地板上，让宝宝背部倚靠着你坐在你的两腿之间。你们可以坐在靠近墙壁的地方，这样当宝宝滚动球时，球就会撞到墙面上，然后再弹回来。

活动6：爬爬爬

让你的宝宝俯趴在毯子上，并把你在第二章中制作的那个不倒翁放在他的一侧，可以放到他恰好拿不到的位置来鼓励他转动身体。一定要把不倒翁放在他的视线前方一侧位置，以鼓励他朝着玩具的方向挪动。

当宝宝的手摸到玩具时，它应该会滚动一下。你会看到宝宝移动到玩具附近，使其再次滚动。这个时候表扬你的宝宝，对他说："做的真棒！你让不倒翁移动啦！你能再做一次吗？"在重复几遍这个过程以后，把玩具转移到宝宝的另外一侧，这样可以交替锻炼宝宝身体两侧的肌肉。这项爬行前的准备练习活动会增强宝宝颈部、手臂和躯干的肌肉力量。

真心话时间

宝宝最喜欢的声音之一就是妈妈的声音，所以不要害羞——给你的宝宝唱一段可爱的旋律，你会看到宝宝开心的反应。如果你并不喜欢唱歌，那可以跟他聊天。只要宝宝听到的是你的声音，他不会在意你是在唱歌还是说话！

　　如果你的宝宝在 7 个月大的时候还没有开始爬行，那么他现在的状态可能是可以来回翻滚，并且可以在没有外力支撑下独立坐几分钟。一旦他开始独立地手膝爬行了，我们就要采取适当的防护措施了。因为好奇是宝宝的天性，为了防止意外的发生，我们需要为他提供足够的保护措施，比如用安全门栏将宝宝限制在安全的活动区域，在所有低处的橱柜和抽屉上安上安全锁，在电源插座上盖上保护盖，并保持地板清洁。你应该已经意识到了，这么做是因为宝宝什么东西都喜欢往嘴里塞！

　　随着你与宝宝一起度过更多的美好时光，你们之间的情感联结也会变得越深。你与宝宝点点滴滴间的亲密相处有助于他继续建立对你和其他人的信任。如果你发现宝宝有时会独立地玩耍一小会儿，可以多鼓励他这么做。当他对玩具表现出兴趣的时候，给他一些空间，偶尔可以给他一些自己玩玩具的时间。当他开始自娱自乐时，这说明宝宝的独立性正在养成，请不要过多地干扰他。这段时期是提高宝宝的注意力和鼓励他独立的绝佳时机。通过这么做，他保持注意力的时间会逐渐增加，他自己独立玩耍的时间也会延长。

第八章

增强成长发育的活动：
适合7～9个月的宝宝

当宝宝 7～9 个月大时，你会惊讶于宝宝在情绪和身体上的发展。在这段时间里，她可能会学会坐、站，甚至是爬行。这是与宝宝一起玩耍和交流的绝佳时期，因为这个时候宝宝能够更好地控制自己的手而且会更主动地玩耍。好好和宝宝一起开心地玩耍吧！

7 ～ 9 个月的宝宝的发展指标

在宝宝长到 7 ～ 9 个月大时，看看她是否展示出以下能力。

◎俯趴时可以抬起肩膀，左右移动身体重心

◎俯趴时可以以身体为中心趴着转圈

◎俯趴时抬起头挺起上身

◎伸手抓到玩具

◎把玩具从一只手换到另一只手

◎模仿大人的动作摇摇铃

◎用食指轻轻地戳小玩具

◎独自坐直身子

◎用拇指和食指捏起玩具

◎一只手拿着玩具时，另一只手伸手过去抓

◎拿起食物放在嘴里

玩具建议：7 ～ 9 个月

以下是一些适合 7 ～ 9 个月宝宝的玩具。请记住，在宝宝睡觉时不能把这些物品留在婴儿床上。

◎软积木块

◎嵌套积木块

◎软皮书

◎球类

◎音乐玩具

◎婴儿用的安全相册

◎可推拉移动的玩具

◎展现因果关系的玩具

◎玩偶

◎毛绒玩具

正在发展的能力：坐直

当你的宝宝已经发育到为独立坐直做好准备时，她已经具备了很多能力。她可以很好地控制头部，她的平衡反应速度也迅速提高。

如果你让宝宝坐着，然后轻轻地把她歪向侧边、向后方或向前方，她很可能会用上一只或两只手来稳住身形。当宝宝第一次学习坐的时候，她会把双手放在前面来支撑自己的身体。随着宝宝平衡能力的提高，她的躯干肌肉也变得更强壮，她会伸出一只手撑在侧边来保持平衡，甚至最终不用任何一只手的支撑就能坐直。她会为自己感到骄傲的！

为了促进平衡和协调能力的发展，一旦你的宝宝能够独立地坐直，最好让她尽可能多地用这个姿势来玩耍。有你陪伴在身边，她会慢慢地从俯趴的姿势换到用手撑地趴着，再到用膝盖撑地趴着，然后到坐起来。不要忘记限制你的宝宝在摇椅、背带和其他婴儿装备里的时间。

Bumbo 婴儿座椅：只能在有大人监督的情况下使用，且每天使用时间不要超过 15 分钟

Bumbo 婴儿座椅附带的使用指南上写着，鉴于可能出现的安全问题，8 周以下的宝宝不建议使用此产品。除此以外，也不应在高台如厨房台面或餐桌上使用这类座椅。活跃的宝宝可能会从塑料座椅里爬出来，从高处跌落受伤。还有许多宝宝因拱起腰背、倾斜身体或摇摆身体，造成座椅翻倒跌落而受伤。

由于多起因座椅跌落而造成的宝宝头骨骨折等严重伤害，美国消费品安全委员会于 2012 年 8 月发布了召回 Bumbo 座椅的通知。消费者可以联系 Bumbo 公司索要一套维修工具包，里面包含带有警告标签的安全带、安装说明书、安全使用指南以及新的警告贴纸 [75]。请始终遵循安全使用指南，即便是在地板上使用 Bumbo 座椅时，也请时刻注意宝宝——没有任何例外。

如果你已经有了一个 Bumbo 座椅，那么你的宝宝在使用这个座椅时应该能够很好地坐起来了。不过你需要限制宝宝使用座椅的时间，每天不应超过 15 分钟。为什么？因为座位会将宝宝的臀部局限在一个不自然的姿势，进而导致整体姿势不良。更确切地说，当宝宝坐在座椅里时，她的臀部会向后倾斜，导致腰背拱起。她的臀部基本上是被"卡"在一个位置，所以当她稳定或转动她的身体时，她不会转移身体的重心。这样很不好。与之相

反，最好的方法应该是让宝宝背靠在护理枕的中央来支撑上身，然后坐直。

塑造平衡能力和肌肉力量的游戏活动

通过以下活动来帮助宝宝增强力量、锻炼灵活性。下面的许多活动比较适合大于 9 个月的宝宝。

活动 1：端坐练习

让宝宝坐在你面前的地板上，背对着你，把你的双手放在宝宝的臀部，以便她需要的时候给她支撑。引导她将身体向前倾斜，用双手撑地。把你的手放到她的手上，引导她慢慢地向后挺直背部，然后再重复之前的动作向前倾斜。一旦你的宝宝能够在没有引导的情况下自己用手支撑着向前倾，你接下来就可以帮助她改善左右平衡能力了。选择一个她最喜欢的玩具，放在她前方一侧，要确保玩具在她可触及的范围内。当她用与玩具同侧的手支撑着前倾身体时，引导她伸出另外一侧的那只手去抓玩具。当她成功抓住玩具时，要称赞她，之后把玩具移动到另外一侧，再重复一遍这个动作。要时刻注意宝宝的姿势，如果她背部没法挺直，身子也开始不稳，说明到该休息的时候了。

活动 2：跳跳舞

让宝宝坐在你的腿上，上身挺直。轻轻地上下晃动你的腿，同时温柔地吟唱或哼唱一首曲子。伴随着歌曲的旋律和上下的运动，你的宝宝会特别兴奋！你也可以让宝宝趴在你的大腿上，然后上下晃动（但是如果她刚吃完东西的话，不要这样做！）。像这样上下晃动宝宝有助于提高她的平衡能力和肌肉控制能力。你甚至可以在这个过程中增加左右摇晃！左右的晃动会为宝宝提供与上下晃动不同的、有趣的运动体验，这对于宝宝感官系统的发展很有好处。

活动 3：越过我飞向"月球"

让宝宝面朝着你，把她抱起来双手放在她的腋下，然后慢慢地把她举过头顶，同时说道："越过我飞向月球吧！"除了上下移动她以外，可以交替着进行左右移动。你可以坐着或者站着来进行这项活动。你的宝宝一定会非常喜欢它的！不过，如果你的宝宝看起来有点害怕，那就慢慢地移动，然后用平静、舒缓的声音和她说话。

活动 4：我们每天都读一读书

这项活动会用到你的长枕，或者可以把一条薄毯卷成一个长枕，不过要确保它足够结实可以提供足够的支撑。让你的宝宝双膝着地，趴在长枕前面。确保她的胸部位于长枕前面，并将双臂放在其上。你会发现这个姿势特别适合宝宝在听你读书的时候用。把个性化的自制书摆在她的面前。这样，她就会动用上身的肌肉力量来用手撑地，这就变成了一个很好的上肢强化活动。

可以给宝宝一点点指引来帮助她把书的每一页翻过来，在这个过程中可以教给宝宝"是"和"否"等概念。例如，在看书中的图片时，问问她看到了什么。"这是妈妈吗？这是爸爸吗？"一定要留出足够的时间来等待她的回应。如果她不明白这个问题，

自制玩具　我自己的书

　　你有没有注意到现在很难为宝宝找到一本简单的图画书？书上的每一页通常都有很多的图案或图片，所以很难在不让宝宝混淆的情况下教给她某个单词或概念。这就是为什么我总是喜欢自己给宝宝制作简单的书，而且我的孩子们也非常喜欢这些自制书！

　　我推荐你使用日常生活中的照片，例如，宠物的照片和亲密的家庭成员们的照片。将照片粘贴到卡片上，写上一个宝宝会喜欢的简单有趣的故事；然后去印刷店将卡片压上膜，装订好。或者，如果你愿意的话，也可以在卡片上打上孔，然后放进活页夹里。另一种制作书的方法是利用宝宝不再感兴趣的旧的硬板书。将卡片纸剪成与硬板书页面尺寸相同的大小（最好是把卡片纸放在硬板书上然后按着页面的轮廓剪下来）。在剪下来的卡片上添加完照片并压完膜之后，将每张卡片粘贴到旧的硬板书上。确保卡片的顺序是正确的！你的宝宝一定会喜欢拥有这样一本书！

可以通过回答"是"或"否"来帮助她，并用夸张的点头或摇头来示意。通过哄她摇头来鼓励她模仿你。如果她开始发声，鼓励她模仿你发出"不"的声音。进行这项活动有三重好处：可以学习一些概念并学会如何用语言及非语言来表达自己。

活动 5：平衡能力练习

你可以通过这个有趣的活动来帮助宝宝发展她的平衡能力。

还是坐在宝宝的后面，手扶在宝宝臀部上方的位置。抓着宝宝的左手移向左侧，同时把她的身体重心移向左侧。这个动作会让她略微失去平衡。宝宝应该会自动地把左手撑在地板上来保持平衡。如果她没有这样做，可以领着她把手放在适当的位置。除了左侧的方向外，一定也要练习到右侧以及前侧的方向。如果宝宝并没有尝试伸出手来支撑身体，那说明这项活动暂时还不适合她，她可能还没有准备好。可以过一段时间，然后再试一次。

活动 6：起床啦

随着宝宝躯干和手臂力量的增强，她很快就会开始从侧躺到坐起的尝试。一个对宝宝来说特别好的练习就是引导她来进行这个动作的转换。当宝宝侧躺时，把你的一只手放在宝宝臀部外侧，另一只手的手指弯曲垫在宝宝的胸廓与床面之间。底下的那只手用力将宝宝的上半身托起，同时另一只手引导宝宝把臀部摆成坐着的姿势。然后再反方向重复一遍这个动作。随着宝宝变得更强壮，她需要的引导会慢慢变少，你也就可以逐渐减少对她的帮助。进行这个活动的最佳时间是在换尿布或给宝宝穿衣服时，此时你的宝宝会自然地从侧卧换到坐起的姿势。

真心话时间

婴儿没有膝盖骨的说法是一个谣传。事实上，婴儿的膝盖骨主要是由软骨组成，这是为了方便之后宝宝骨骼的生长发育。随着骨骼区域的形成，膝盖骨会在婴儿的童年时期变得更坚硬，并且会在青春期时继续成长，膝盖骨的硬度也会增加[76]。

正在发展的能力：将玩具从一只手转移到另一只手

这个阶段的宝宝会不断地去伸手抓取物品，在很长一段时间里，她不会让自己闲着。她会喜欢拿起物品、检查和摆弄物品，甚至会把物品从一只手换到另一只手上。这个动作对于宝宝的协调能力有很大的帮助。为了提供尽可能多的机会来促进宝宝协调能力的发展，可以给宝宝准备各种有趣的、安全的物品来让她摆弄。

固定式活动中心：每天使用时间不超过 15 分钟

这件婴儿装备带有一个桌子以及一个可以让宝宝坐着、站着、弹跳和旋转的悬吊式座椅。当宝宝被放进活动中心时，她的双腿通常会伸出来，膝盖保持弯曲或伸展。如果她的膝盖是伸展的，那么她经常会用脚趾贴地站立，这对她的成长发育是很不好的。虽然这个姿势看起来很不舒服，但大多数宝宝似乎并不介意，而且会开心地在活动中心里玩很长一段时间。这就是为什么应该把宝宝在这个装置上的时间限制在一天不超过 15 分钟。不幸的是，活动中心让宝宝保持的姿态、身体姿势以及运动模式并不利于宝宝学习走路。因为宝宝现在处于学习如何坐起来、伸手抓取的发展阶段，所以鼓励宝宝保持一个直立的姿势和发展良好的身体协调能力是很重要的。如果你有一个活动中心，一旦你的宝宝可以扶着物体爬站起来，它就可以派上用场了。宝宝可以练习站起来，以及站立在活动中心外面玩玩具。它基本上可以变成一个活动桌！从活动中心外部摆弄和玩玩具可以促进宝宝精细运动能力的发展。

促进发展的各种有趣的游戏活动

在成长发育的这个阶段，宝宝正在培养精细运动协调能力和享受感官刺激。尝试下面这些活动来扩大她的视野。

活动 1：堆堆堆游戏

宝宝很喜欢玩叠圈玩具，他们会很开心地把环套上去，然后再取下来；在这个年龄段，你的宝宝可能会需要你来帮她将环套在玩具上。让宝宝坐在地板上，然后你坐在她的身后，你可以背靠在墙上或沙发上。把宝宝往你的方向拉一下，让她的臀部和背部紧贴着你的身体，以便你根据她的需要来提供支持。或者也可以让宝宝背部挺直坐在护理枕头的中央。当宝宝一只手伸出去抓环的时候，让她用另一只手撑地来支撑身体。一定要交替变换每次环放置的方向，而且在她做这些动作时，

堆堆堆游戏

要和宝宝交流，可以说："你把蓝色的环套在了玩具上。现在你再把黄色的环取下来。"这项活动可以通过让宝宝的每一只胳膊、每一侧肩膀和每一只手承受重量来转移身体重心从而保持平衡，这有利于宝宝平衡能力和手部运动能力的发展。

活动 2：交出去，拿过来

把一个摇铃或其他有趣的玩具放进宝宝的一只手里，然后给她足够的时间让她把玩具转移到另一只手上。几分钟之后，如果宝宝并没有把玩具转移到另一只手上，可以轻轻地抓着她空着的那只手向玩具的方向移动，然后触摸玩具，让宝宝有一个可以双手摆弄玩具的机会。再过一小会儿，如果宝宝空着的那只手还是没有抓住玩具，那就把你的手放到她的手上，帮助她把五指合拢来抓住玩具。想要宝宝松开抓着玩具的那只手，你可能需要揉捏那只手的手背或者用另外一个玩具来分散她的注意力。随着宝宝双手转移玩具能力的发展，可以逐渐减少你对她的帮助，直到宝宝可以独立地把玩具从一只手转移到另一只手。

活动 3：快乐地踢腿

宝宝很喜欢踢腿，这是一个很好的爱好，因为踢腿练习会增强宝宝腿部的肌肉，并帮助宝宝为走路做好准备。让宝宝平躺在地板上，把健身球放在她的脚边，引导她去踢球。（健身球是一个很棒的选择，因为它的体积很大，可以让宝宝看到它的移动过程。）一旦她明白了，是她的脚在让球移动，她就会想要去不断地重复踢腿的动作。像这样的一些活动会让宝宝开始理解因果关系的概念。不要忘了在玩的过程中对宝宝说，"宝宝你看！你的脚踢到了球，球动了！你真厉害！想不想再踢一次？"在这个过程中还要注意宝宝脸上的微笑，因为她的笑容会告诉你她已经明白了是她的踢腿造成了球的移动。

活动4：抚摸感知

你可以买到各种各样适合宝宝玩耍的感知球。这些球的表面有各种不同的纹理，可以是凹凸不平的、平滑的、湿滑的以及毛茸茸的。让宝宝在玩耍时抓握和摆弄这些球，得到丰富的感官体验。此外，你可以在房子里找到各种有着不同纹理的物品（如积木块、玩具、围巾）。当宝宝坐着时，在她的面前放一个空的塑料容器。给宝宝演示如何抓起物品，放进容器内，然后再从里面把物品拿出来。如果她还不能很好地控制抓握和松开物体，把你的手放在她的手上，引导她来做这些动作。确保你给宝宝玩的球体积足够大，以免造成窒息的危险。如果球可以通过卷纸筒的话，它就太小了。

真心话时间　　宝宝触觉的发展是从上到下，从头部到脚趾的。这就是为什么她喜欢用嘴巴来摆弄和检查物品。

除了球之外，还有其他具有各种纹理（如柔软、坚硬、粗糙、蓬松）的适合宝宝发展的玩具，可以刺激宝宝的感官系统。在宝宝能够抓握和松开物体之前，让她的双手触摸各种玩具来感受不同的触觉刺激。即使宝宝在很小的时候，她也能够区分出不同的质地并且享受不同质地带来的不同体验。与宝宝交流，告诉她这

些玩具是做什么的、摸起来是什么样的感觉，以及他们哪里不同
哪里相似。随着宝宝年龄的增加，她会去摆弄每件物品并探索每
件物品不同的特性。

活动 5：侧坐

让宝宝在玩这些触觉玩具的
时候侧着坐是一个很好的选择。
先让宝宝双腿伸直坐在地板上，
然后把她的双腿稍微向同一侧弯
曲，这时她的上半身会朝着相反
的方向倾斜，同时她会用手撑地
来维持平衡。给宝宝演示如何从
不同的方向去伸手抓玩具。

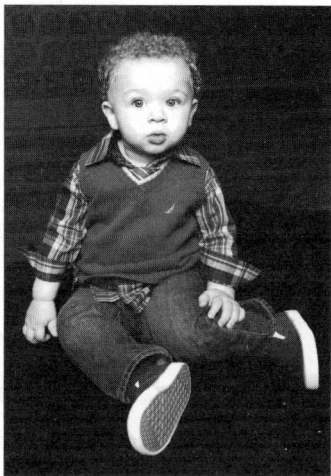

侧坐

活动 6：伸手够星星

让宝宝坐在你的面前，把一个
会发出沙沙声的星星玩具放在宝宝右侧贴近地板的位置，然后紧
捏玩具让它沙沙地响。轻轻地提示她用左手去抓玩具。如果她没
有这么做，就扶着她的肩膀引导她伸出胳膊。当她的胳膊穿过身
体正中的位置时，她的躯干应该会略微向右旋转。宝宝摸到玩具后，
如果她没去捏它，那就把手放到她的手上，展示给她看如何通
过挤压玩具来让它发声。给宝宝一点时间，看看她会不会跟着你做。
你可以把手伸到宝宝的左边，对她说："把那个星星拿给我好吗？"
这个活动非常棒，因为转动上半身会让宝宝的躯干保持灵活。你
也可以示意她把星星从左手换到右手。她会很喜欢这个触觉感受

自制玩具　会发出沙沙声的玩具[77]

宝宝们一定会喜欢这些自制的会发出沙沙声的玩具，而且它们的制作方法非常简单。感谢 Joy's Hope（www.joyshope.com）分享的图案！

请准备好以下物品。

- 6 条丝带
- 法兰绒布
- 像湿纸巾包装袋一样会发出沙沙声的纸，透明的礼品包装纸或微波爆米花包装纸也是一个很好的选择

把法兰绒布和包装纸都裁剪成15厘米×15厘米的正方形，法兰绒的方块要准备两个，包装纸的一个就可以。如果你很会做针线活，可以尝试裁剪出不同的形状，比如圆圈和星星。准备好6条10厘米长的丝带。

拿出一块法兰绒布块，让它正面朝上。将布块的边缘向内折叠，然后用别针把丝带沿着布块边缘固定好。之后把第二个法兰绒布块正面朝下覆盖上去，然后再盖上包装纸，用别针把所有的边缘都别好。

将所有的边缝合起来并留出1厘米的缝头。一定要注意留出一个小口子把正面从里面翻出来。把所有的别针取下来，并剪掉多余的丝带，线头和边角。

把它翻过来以后，把丝带之间的毛边塞好。然后绕着整个方块再缝一圈明线，以确保四边都缝合好了。

铛铛！这样就做好啦！

以及玩具的沙沙声。要记得变换玩具的方向。

正在发展的能力：用手和膝盖撑起身体

宝宝的成长非常迅速，很快她就有足够的力量可以做到用手和膝盖把身体撑起来（手膝爬的姿势）。在宝宝趴着的时候，你可能会注意到她试图用手撑地然后通过膝盖一伸一屈、腿往后蹬的方式在屋子里四处挪动。她甚至可能用手和膝盖把身体撑起来，前后摆动。这是在做什么呢？她是在锻炼手臂和腿部的肌肉，为爬行做准备！

婴儿学步车：请避免使用

婴儿学步车存在着很严重的安全隐患。在使用学步车时，曾有宝宝跌入水池、跌下楼梯和跌落高台，所以不要冒这个险——请不要让你的宝宝使用学步车。事实上，由于安全问题，美国医学协会已经发出了禁用婴儿学步车的声明，而且学步车已经不再在加拿大生产或销售了。

就像我们之前讨论过的婴儿装备一样，婴儿学步车也会造成宝宝姿势不良和背部发育异常的问题。物理治疗师认为，学步车实际上会阻碍而不是帮助宝宝学习走路。使用学步车的宝宝往往爬行较少，学步车的上盘座椅会妨碍他们自然地探索和操纵附近的物体，这对于宝宝的认知发展是非常不利的 [78]。考虑到所有的这些因素，父母们最好是对学步车说"不"！ [79]

增加力量和发展概念与语言的游戏活动

接下来会为大家介绍一些支持宝宝持续发展的活动。

活动 1：力量增加?

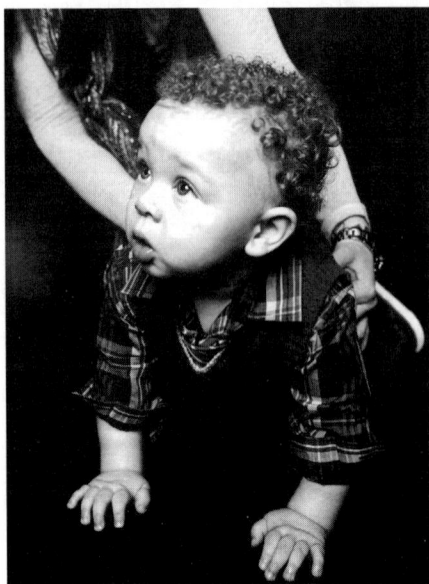

力量增加?

让宝宝手和膝盖着地，趴在你的面前。用你的一只手搂在她的腋下，另一只手扶在她另一侧的臀部上，来帮助她保持这个姿势。如果宝宝快能做到自己来维持这个姿势了，可以把你的一只手放在她一侧的臀部上，另一只手扶在她另外一侧的胳膊肘上，或者把你的两只手都放在她的臀部上。她的膝盖应该处于臀部下方并与之垂直，双手应该处于肩膀的正下方。在宝宝做这个动作时，要一直跟她说话，以鼓励她维持这个姿势几秒钟。随着她力量的增加，引导她轻轻地前后摇摆。当你发现她不再需要那么多的辅助时，可以逐渐减少你对她的帮助。

活动 2：小鳄鱼，一会见

你的宝宝现在正处于开始理解因果关系的年龄。这个时候用摇铃或毛绒玩具跟她一起玩捉迷藏游戏最合适不过了。让宝宝上身挺立，坐在你的面前，把玩具藏在毯子下面或你的背后。如果你藏的玩具是摇铃，那么一边藏一边摇晃让它发出声音，这样她就会一直盯着你的动作。如果你一旦把玩具藏好了，她就不再关注你了，可以稍微露出玩具的一部分，问她："玩具在哪里呢？"然后一边鼓励她伸手去把玩具抓回来，一边说道："噢！在这里！"可以跟宝宝多次重复这个过程。过一段时间你就会发现，你不再需要露出玩具的一部分来吸引她的注意力了。

活动 3：和我说话，宝贝

充分利用游戏时间为宝宝提供示范语言。你要用上各种动作和手势来表达自己，而且和宝宝说话时要使用完整的句子。要确保你说的话有意义，因为宝宝是一直在倾听和学习的！"点出名字"是一个有助于宝宝语言能力发展的特别棒的游戏。指向不同的物品或不同的身体部位，并用完整的句子把它的名字说出来。例如，"看，这是你的鼻子""哇，这是你的胳膊肘"或"这是一个红色的摇铃！"鼓励你的宝宝指出或触摸你提到的物品。这将帮助她理解单词与物品或身体部位之间的联系。

当你在和宝宝玩耍时，使用不同的语调跟她说话。例如，用柔和的声音告诉她，"听，妈妈在悄悄地说话"。和宝宝在一起时，多多跟她聊天，可以告诉她一天内具体发生了什么事情，比如你做了什么、去了哪里或者你见到了谁。你说得越多，对她语言的发展越有好处。

活动 4：一家人

拍几张家庭成员的照片，冲印出来并覆上一层膜。向宝宝展示这些照片同时问一些问题，例如，"这是你的妹妹吗"或者"这是爸爸吗"。通过夸张地摇头或点头来示范给她是回答"否"还是"是"，以帮助她理解"是"和"否"的概念。利用"看，妈妈是女孩"或"看，爸爸很壮很高！"这种方式向宝宝介绍新的概念。

向宝宝展示家庭成员以及她比较熟悉的物品的照片，有助于发展她的识别能力。你们可以指着自己的身体部位，对她说："这是爸爸的鼻子""看看这是妈妈的头发"。宝宝在这个阶段很喜欢看别人和自己的脸，所以拿出一面婴儿镜子，一边指着镜子里她的五官如眼睛、鼻子和嘴巴等，一边告诉她这是什么部位。例如，"看！你的嘴巴正在张开"或"妈妈正在摸你的鼻子"。

活动 5：如果帽子合适……

首先你需要准备一顶彩色的帽子。让宝宝坐在你的面前，拿出帽子把它戴在你的头上，对她说："看！帽子在我的头上"。然后把帽子取下来，对她说："我把帽子脱啦"。接下来，把帽子戴在宝宝的头上然后脱掉！用夸张的语气向宝宝强调"脱"这个词并鼓励她去伸手拿帽子，把帽子从她自己的头上或你的头上拍下来。如果她不知道怎么做的话，第一次可以引导她拉着她的手把脱帽子的动作做一遍。

真心话时间

你可以使用各种玩具来教宝宝因果关系的概念。你可以向宝宝展示如何让一个滚动的球碰到另一个球并使之移动。我总是把这个活动称为"碰碰球"！弹出玩具以及和弹跳玩偶盒玩具，也非常适合用来介绍因果关系的概念。当宝宝按下按钮时，会有东西弹出来。很酷，不是吗？

活动 6：看看你，宝贝！

将不易破碎的镜子放在宝宝的面前，让她看着镜子里的映像。虽然她还没有意识到镜子里的人是她自己，她还是会感到很高兴。指着镜子对宝宝说："看，镜子里有个宝宝！"（或者可以直接说出她的名字）。指着脸部不同的部位，例如，她的鼻子、嘴巴和眼睛，并向她描述。然后对她说："看见了吗？这是宝宝的鼻子。妈妈正在摸你的鼻子。看看你的两只耳朵，它们在头的两边。"一边说一边摸着你提到的她的每个身体部位，这样你的小宝贝就能学会如何识别身体的各个部位了。在做这个活动的时候，可以给宝宝唱一首歌。"You Are My Sunshine"是一首宝宝们会喜欢的经典儿歌。

随着宝宝在身体和认知上的发展，她会开始四处活动，探索周围的环境。因为她对你的依赖，她经常会离开你一段距离后，再次回到你的身边。有趣的是，研究表明，宝宝对主要看护者的情感依恋程度，直接影响宝宝会离开看护者多远和多久去探索及查看她周围的环境[80]。安全型依恋关系会让宝宝在离开父母的情况下仍然有信心去四处冒险和探索，而不安全的依恋关系会导致宝宝不敢离开父母的身边。因为与周围环境的接触和相互作用会直接影响到宝宝的大脑发育，所以，你与宝宝之间情感联结的建立是非常重要的。

第九章

增强成长发育的活动：
适合10~12个月的宝宝

　　你准备好要变得忙碌起来了吗？你所熟悉的生活即将发生改变——因为如果你的宝宝还没有开始四处活动，他马上就会这么做了！现在他正处于学步期，这是一个充满激情、活力和不断探索的时期。从爬行到扶着物体爬站起来，再到扶着物体四处走动，最后到独立行走，你的宝宝掌握这些能力的速度会让你非常吃惊。本章将介绍一些可以为宝宝提供各种有趣运动体验的活动，它们会进一步促进宝宝的发展。如果你选择与宝宝一起进行书中的这些活动，你会与他一起度过很多的快乐时光。如果你向所有的家庭成员以及宝宝的看护者展示如何进行这些活动，他们也可以与宝宝一起享受愉快的时光。这是一个非常忙碌的时期，但是也结束得很快。所以请深呼吸，继续阅读本书，准备好与宝宝一起尽情地玩耍吧！请记住，即便宝宝稍微长大了一些，这些活动仍然非常适合他。

10 ~ 12 个月的宝宝的发展指标

在宝宝 10 ~ 12 个月大时,看看他是否展示出以下能力。

◎手膝撑地做爬行姿势并前后晃动

◎手膝爬行一段距离

◎独立地坐起来

◎用食指指物体

◎可以轻易地松开手放开物体

◎坐着失去平衡时可以用手扶地来稳住身子

◎看到别人书写的示范后,试图去模仿一下并胡乱地涂画

◎模仿声音

◎说出一个词语

◎独立地把箱子上的盖子移走

◎玩耍中大力将玩具拍打在一起

◎将一个方块或积木放进一个杯子里

◎故意将玩具放下

◎将被藏起来的玩具上的遮盖物拿走

◎用勺子从碗里舀饭吃

◎指来指去

◎挥手告别

◎模仿动作

◎扶着物体爬站起来

◎独自站立

◎玩拍手游戏

◎扶着家具到处走

玩具建议：10 ~ 12 个月

以下是一些适合 10 ~ 12 个月宝宝的玩具。请记住，在宝宝睡觉时不能把这些物品留在婴儿床上。

◎形状分类积木

◎堆叠套环

◎软的堆叠积木块

◎触摸布书

◎塑料镜子

◎玩具电话

◎玩偶／毛绒玩具

◎敲击凳

◎可串接起来的珠子

◎会说话的玩具

◎玩具鼓

正在发展的能力：扶着物体爬站起来

用手和膝盖爬行会使你的宝宝变得更加强壮，而更加强壮的手臂和腿则会让宝宝更容易地爬站起来。因为宝宝好奇的天性，他会对探索周围的环境充满兴趣，站着可以极好地帮助他发现许多以前一直难以触及的美好事物。扶着你的手站着或扶着家具站着，会加强宝宝腿部和脚踝的肌肉力量，并帮助他发展独自站立所需要的平衡能力。

智能玩具：请限制使用

在本书前面的章节，我们谈到了智能玩具如何结合计算机技术来与宝宝进行多种方式的互动。许多智能玩具甚至可以识别出宝宝的能力水平并做出适当的回应。还有一些智能玩具可以教宝宝 ABC、数字和词语。然而，如果让宝宝使用这些智能玩具，他只会被动地去观察，并不会有进一步的交流或参与发生。换装玩具、拼图、堆叠套环和积木块等传统玩具则会在促进宝宝发展的同时促进宝宝的主动玩耍。与以娱乐为目的的智能玩具相比，我更倾向于每天使用那些更具互动性的传统玩具（一般来说，最好不要选择需要电池的玩具）。让我们回归自然科学，鼓励这些传统的可以促进创造力发展的游戏活动吧！

锻炼肌肉力量、平衡能力和视觉的游戏活动

以下活动有助于锻炼宝宝的肌肉力量、平衡能力和视觉追踪能力。

活动 1：我还站着呢

宝宝能扶着外物站起来时，就可以玩这个有趣的游戏了。让宝宝坐在地上，抓起他的手，然后慢慢的抬动你的胳膊带着他站起来，让他站 8 ~ 10 秒即可。确认周围可以坐之后，再扶着宝宝的后背慢慢让他坐下。这个活动可以很好地锻炼宝宝手臂、腿部和臀部的肌肉。

当然，你可以在游戏过程中给宝宝唱一首歌或念一首诗，这会让游戏变得更有趣！来首《约克大公爵》吧！或者自己随心创作也可以！

♥♡

The Grand Old Duke of York
约克大公爵

The grand old Duke of York

约克大公爵

He had 10000 men

他有一万多将士

He marched them up to the top of the hill

行军到山顶

Then he marched them down again.

再重新到山下

And when they were down, they were down

走到下面是山下

And when they were only halfway up

当他们走到半山腰呀

they were neither up nor down

是不上也不下

❥⌒❥⌒❥♡❥❤❥♡❥❤❥♡❥❤❥♡❥❤❥♡❥❤❥♡❥❤❥♡❥⌒❥♡❥❤❥♡❥❤❥♡❥❤❥♡❥❤❥♡❥❤❥♡❥

活动 2：一起玩玩球

这个游戏也可以锻炼宝宝的平衡能力。与你的宝宝面对面地坐在地上，让宝宝坐直、双腿分开。分开距离能容下一个中等大小的球即可。给宝宝示范怎样把球滚动传出去，再把球滚动传回去。这个游戏会教给宝宝什么是"来"和"回"。宝宝接到球后，告诉他："轮到你了，把球传过来吧。真棒！你把球传过来咯！现在妈妈来发球了，准备好，球来咯。"

把球滚到宝宝右腿外侧，这样宝宝通过转身才能拿到球。再次拿到球后，你可以把球再传到宝宝的左侧。宝宝来回转身可以锻炼他身体的灵活性和平衡性。

活动 3：跳跳跳

拿出自己的健身球吧！让宝宝坐在球上，身体坐直，托住他的臀部。来回地滚动球（慢慢地晃动）。宝宝习惯了这样运动后，握紧宝宝，带着他从球上滑下去。之后再把他抱到球上，稍用力，让他有一个轻微弹起来的过程。如果宝宝看起来很害怕，可能是因为弹力过大，此时你需要放缓动作，慢慢地摆动球、轻轻地弹动。始终用双手握紧宝宝，保护他的安全。这样的小游戏会让宝宝笑得合不拢嘴。

活动 4：飞起来

把宝宝放在自己的膝盖上，向上轻轻地抛举。玩这样的游戏要适度，否则会对宝宝造成过度的刺激。游戏中要注意宝宝的面部表情，如果发现他不喜欢玩，就马上停下来。游戏时给宝宝来一首童谣吧——《我们就要飞起来》。

A Bouncing We Will Go
我们就要飞起来

A bouncing we will go

我们就要飞起来

A bouncing we will go

我们就要飞起来

High ho the derry-o

飞的那么那么高

A bouncing we will go

我们就要飞起来

活动 5：昂首向前

为了锻炼宝宝的躯干肌肉和臀部肌肉，你可以坐在椅子上（沙发或凳子上也可以），让宝宝站在你的大腿上，面对或背对你都可以。托住宝宝的臀部，同时踮起自己的脚尖，向上抬腿，左右腿交替着活动。这样可以让宝宝练习跨步。如果宝宝面对着你，可以在游戏时握住他的手，轻轻地扶住他。一边活动一边唱歌，会让宝宝更开心。

When the Saints Go Marching In
圣徒向前走

Oh, when the saints go marching in

啊，圣徒向前走

Oh, when the saints go marching in

啊，圣徒向前走

Oh, how I want to be in that number

啊，我想知道走进去了几个呀

When the saints go marching in!

圣徒向前走！

活动 6：站立和玩耍

你可以紧靠沙发（脚凳或矮凳）坐在地上，让宝宝站在椅子或沙发前。将他的手放在椅子或沙发上，这样宝宝就可以把它当作支撑。把环形玩具放在他能拿到的地方。如果有必要的话，你可以把一只手放在宝宝的肚子上，另一只放在他的臀部，为他做支撑。确保他的姿势正确，头、肩膀、臀部、膝盖要成一条直线。鼓励宝宝玩他的环形玩具，必要时给他一些外力支撑。宝宝把圆环套在勺柄上时，一定要及时地夸奖他。如果你给宝宝外力支撑，而他却不愿意站起来的话，这就意味着宝宝当前还不适合做这样的游戏，等他长大点再试试吧。

自制玩具　环形玩具

宝宝会非常喜欢这样的简易自制玩具。你需要准备一个婴儿专用的塑料勺子和各式圆环（如浴帘环、塑料的窗帘环、牙套环）。给宝宝示范如何用一只手握住勺柄，然后用另一只手把圆环套在勺子的另一端。这样有趣的活动可以促进宝宝运动技能规划，锻炼双手的协同能力。

真心话时间

研究表明，父母可以在孩子小时候培养他的创造力 [81,82]。创造力主要体现在解决问题的方法上。然而，解决问题的方法是不一样的，解决难题就要求人必须具有适应性、灵活性和创造性。作为父母，我们可以为孩子提供一个随意玩耍和自由探索的成长环境，以此来培养他们的创造力。尽量让孩子身处一个充满书籍、音乐和运动的环境，这样可以带动他的发育和成长。

正在发展的能力：自主站立

想要宝宝学会走路就一定要让他先学会自己站着。让宝宝多在地上爬一爬能帮他学会站着。宝宝抓着沙发（或其他类似的柔软且无尖锐边缘的家具）站着时，你可以坐在离他半米远的地方，把他最爱的玩具放在他扶着家具的手旁，看他是否能拿到玩具。这时父母要耐心，别急着催他。宝宝可能会试着抓一下玩具，但手又得回来扶着家具。这样的表现是非常好的，因为宝宝正在培养自己的平衡能力。随着时间的推移，宝宝的力量和身体平衡能力得到提升后，不用扶着家具就能抓到玩具啦。

弹跳健身架：请避免使用

这类产品名称多样，使用方法也不尽相同。有些产品需要系在门框上使用，有些可以独立使用，像一个固定的活动区一样。虽然宝宝可能会喜欢这样的产品，但是其危险性却很大。系在门框上的助跳工具可能会给宝宝造成头部创伤、绞伤或被绳子打伤等伤害。所有的助跳工具都是引导宝宝踮脚站着，会影响宝宝双脚的正常发育。过度使用会给宝宝的腿、臀部以及脊柱带来压力。这些产品对宝宝的成长不利，所以没有必要使用。

促进宝宝成长的游戏活动

以下活动涉及身体平衡性训练、音乐、识颜色、认图形以及培养宝宝的身体意识。

摇摇晃晃不倒翁

活动 1：摇摇晃晃不倒翁

宝宝能够自主站立以后，可以玩下面介绍的这个游戏，以此来锻炼宝宝的身体平衡性。坐在宝宝的后方（前方也可以），托着他的臀部，慢慢地把他身体重心从一条腿转移到另一条腿上，做左右摇晃的动作。一定不要束缚宝宝的双臂，他可以用胳膊来保持平衡。一边玩，一边哼唱《滴答滴答滴》这样的童谣会让游戏变得更欢乐。

Hickory Dickory Dock
滴答滴答滴

Hickory, dickory, dock,

滴答滴答钟声响，

The mouse ran up the clock.

老鼠跑到了钟上。

The clock struck one,

一点时刻钟声响，

The mouse ran down,

老鼠跑下来，

Hickory, dickory, dock.

滴答滴答钟声响。

活动 2：捉迷藏

用黑白相间的玩具来和宝宝做游戏，有利于宝宝的视觉发育。可以用斑马或熊猫这样的毛绒动物来玩捉迷藏。把玩具藏在背后，问宝宝"熊猫在哪儿呢？"多给他点时间去找玩具。但是他找不到的话，就适当的露出熊猫的一条腿或一只脚。

如果家里有挤捏就可以发声的玩具，给宝宝看一下，然后藏在身后或毯子下面。问宝宝："玩具哪儿去了？"然后挤捏玩具，让它多吱吱几声。一定要多给他点找玩具的时间，然后再告诉他玩具藏在哪里了。家长在游戏中要放慢语速、发音清晰、保证说出的句子完整。

真心话
时间

音乐可以培养孩子的沟通技巧，音乐和话语对儿童的说话技能起到了重要作用[83]。

活动 3：一起来演奏吧

父母弹奏乐器可以给宝宝带来欢乐。父母自弹自唱，一定会让宝宝很着迷。如果你不会乐器的话，可以买一个玩具木琴，为宝宝进行演奏。只要按照产品说明，一切都不是难题！给宝宝演示如何按琴键，再让他自己来表演。这样可以让宝宝学习韵律和音乐。

活动 4：敲敲敲

拿着自制小鼓，给宝宝展示如何用手掌敲鼓，然后让他模仿。他学会后，再教他用指尖敲鼓，让他自己学一会儿。最后教宝宝

自制玩具　小鼓

　　每个大人小时候都做过小鼓。把燕麦盒（或咖啡罐）贴上彩色贴纸，用 1 或 2 个婴儿塑料勺当作鼓槌。当然也可以给宝宝找个平底锅和一个短木勺。玩厨房用具真的非常有趣！

　　如何用塑料勺敲鼓，让他用手握住勺柄，一下一下地敲鼓。也可以一边敲鼓一边唱歌，宝宝在享受音乐和韵律的同时，可以提升自己的运动技能和身体协调性。如果做了两个小鼓，可以和宝宝一起玩。想玩得开心点的话，就偶尔模仿一下宝宝敲鼓的样子。这是一个非常好的办法，可以让宝宝从小就对音乐感兴趣。

　　下面这首童谣，可以一边玩、一边唱给他听。

Skidamarink
爱之歌

Skidamarink a-dink a-dink, Skidamarink a-doo,

I love you.

比划手指，比划手指

我爱你

Skidamarink a-dink a-dink, Skidamarink a-doo,

I love you.

比划手指，比划手指

我爱你

I love you in the morning

And in the afternoon;

我爱你在早上

在午后

I love you in the evening

And underneath the moon.

我爱你在晚上

在月亮下面

Oh, skidamarink a-dinka-dink, Skidamarink a-doo,

I love you!

比划手指，比划手指

我爱你！

活动 5：变聪明

和宝宝一起玩耍时，利用好每一个机会教他一些新的概念。比如，你可以先读一本专门讲形状的书，然后再教给宝宝。等他再长大一点，鼓励他自己翻书看。

玩具形状分类是一个很好的游戏活动。宝宝可以根据你的讲解来进行分类，比如，"正方形有 4 个角""圆形很光滑"。

多玩一些简单的玩具可以让宝宝知晓不同的概念。游戏过程中，你可以借用玩具来向他解释什么是旁边、中间、上面、下面、前面和后面等位置概念。比如，你可以在地上摆两个毛绒玩具，把它们放到孩子面前，再拿起一个毛绒玩具，来回变换它的位置，说："看！泰迪熊在他朋友的旁边，现在他坐在朋友的头顶上。"发挥你的想象力，让玩具熊跳跳舞、做些好笑的动作。

可以将玩具按照大小进行分类，这样可以锻炼宝宝的分类技能。把玩具堆成两堆，大的玩具一堆和小的玩具一堆，教宝宝怎样进行分类。宝宝开心玩耍的同时也学会了很多新东西。

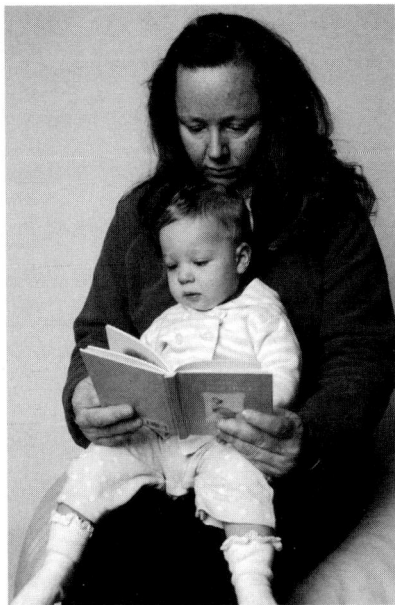

变聪明

教给宝宝什么叫做相同、什么叫做不同也是个很有趣的活动。从毛绒玩具中挑出所有的小狗放在一起，说："这些是一样的，都是小狗。"也可以根据玩具的颜色、形状和大小教宝宝进行分类。

活动 6：变戏法

我想你一定记得《变戏法》的儿歌。身体做动作可以提升宝宝的身体意识。让宝宝坐在你腿上，身体坐直。一边给他唱儿歌，一边抓起他的胳膊或腿，轻轻晃动。儿歌是这么唱的："伸出你的右手，收起你的右手，伸出你的右手，摇摇你的右手！"你一边唱一边摇晃宝宝，他就会笑得很开心。

正在发展的能力：到处走走

随着宝宝运动技能的不断提升，他会开始到处活动，与周围的环境进行互动。宝宝有力气站起来，又能保持身体平衡后，下一步他就要扶着家具开始蹒跚学步了。宝宝扶着沙发或椅子作为支撑，迈步去他想去的地方。这对宝宝学走路很有用，宝宝迈步时，就是在学着变换身体重心，保持身体平衡。这种技能有利于他在日后学习走路。为了安全起见，确保宝宝周围没有边缘锋利的物品，走路过程中也要给他支撑。这是宝宝学会走路的前奏，等着吧，不用多久他就可以自己到处走了！

学步带：请限制使用

学步带有许多不同的名称，总而言之，这类产品的作用主要是为了帮助宝宝学习走路。学步带包括一条固定在宝宝胸部周围的安全带或背心，以及两条可由父母拉着来保护宝宝安全的可调节肩带。这类产品旨在帮助宝宝自然地学会走路和保持身体平衡，减少宝宝对父母的依赖，这样宝宝摔倒的频率会降低，父母也不会再因为一直弯腰而受累。在理论上，这听起来还是很不错的，但要注意的是在实际使用过程中，在宝宝还没有准备好时，别急着给他用。在宝宝还不能很好地控制姿势、不太会保持身体平衡时，直接让他用这些产品会让他感到害怕，这绝对是一大禁忌。我还听到许多家长抱怨宝宝腋窝下的绑带会向上缩、阻碍到血液的流通，或者宝宝在使用这些产品时身体常常会向前倾斜。作为家长，我们必须要知道，宝宝的成长不可以揠苗助长，请耐心地等他准备好。

宝宝学会自己迈步后，或许你想试试用学步带来帮助他走路。我建议，每次学步带的使用时间最好控制在5 ~ 10分钟。要注意，不要用绑带吊着宝宝的胳膊，这样不仅会弄疼他、妨碍到血液的流通，他的胳膊也会无法自由活动。宝宝走路时，确保他的身体保持直立，这样他就不会向前倾，也不会依靠绑带来保持身体平衡。父母偶尔可以扶一下他，以防他摔倒。如果给宝宝用这样的学步工具后，你仍然累的腰酸背痛，这说明你帮他的次数过于频繁了。

拓展视野的游戏活动

以下活动可以鼓励宝宝四处走动，帮助宝宝享受室外风光，领略感官体验，发展语言能力和肌肉协调性。

活动 1：看看是谁在走路呀

如果宝宝对扶着家具到处走感兴趣，你可以协助他，帮助他获得走动所需要的支撑力和平衡。让宝宝站在沙发或软椅旁，把他最喜欢的玩具放在前方他够不到的地方。如果宝宝没兴趣去拿，你可以把手放在他的臀部，把他的小腿抬高让他的身体重心后移。这就会使得宝宝向前抬腿迈步，朝玩具方向靠近。

宝宝抬腿后，你可以用手把他的腿带向玩具，他一条腿开始迈步，另一条腿也会跟着迈步，必要时可以给他一点帮助。不要忘了在对侧方向重复一遍这个游戏，这会保证宝宝两侧的身体都变得更强壮。

活动2：继续前进

坐在宝宝身后时，让他趴在脚凳前（沙发、矮椅子都可以），把他的肘部和手放在座椅上。让宝宝抬起头，使他的身体和腿部成一条直线。这样的姿势可以锻炼宝宝腿部、臀部和躯干的肌肉，进而可以改善他的姿势。把你的双手放在他的臀部，轻轻按压右臀，把他的重心转移到右腿上。然后慢慢抬起宝宝的左腿，弯曲他的膝盖，使他呈半跪状态。宝宝如果可以做到这个姿势就说明他很快就能学会站立了。让宝宝自己去尝试，必要时可以给他一点帮助。哇！宝宝真的长得好快！

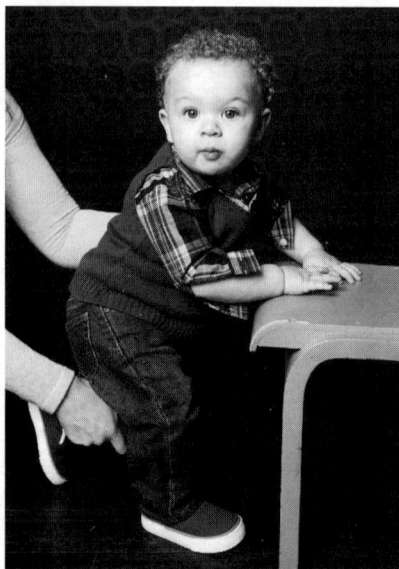

继续前进

保证宝宝在活动区域里的安全

宝宝开始四处活动后，不用多长时间他就要到处爬了。父母要把桌子、书架和梳妆台上的大件物品或较沉重的物品搬开。最重要的是，在那些容易推倒的家具、爬上去容易翻倒的家具上做一些保护措施。可以用安全带或支架来固定高脚灯、电视、电视柜、书架、梳妆台和箱子等家具，这样可以保证宝宝在活动区域里的安全。条件允许的话，请尽量使用无绳产品。如果百叶窗或窗帘有绳索，请确保没有圆形扣，绳索的末端也请妥善安置。

活动 3：晒晒太阳

宝宝的游戏时间不应该仅仅局限于室内活动。大自然也可以为他提供一系列的视觉刺激。在平滑而结实的地方铺上柔软的毯子，和宝宝一起享受一段美好的户外时光。你们可以去公园，或者就在自己家的院子里找一块合适的地方。玩耍过程中请坐在宝宝的旁边，以防意外发生。可以给宝宝指出周围环境中一些有趣的物体，如小鸟、青草和树木。一定要注意保护宝宝免受阳光的直射，如有必要，请咨询儿科医生关于宝宝使用防晒霜的问题。

宝宝在室外俯趴时，让他从周围环境中寻找各种不同的物体会是一个很有趣的游戏。可以问宝宝一些问题，比如"你看到那只棕色的狗狗了吗？"然后指一指狗狗，或者可以问他"你能找到很大的绿色灌木吗？"这个游戏在让宝宝开心娱乐的同时会鼓励他去进行视觉探索。当然，你也可以让宝宝去听各种不同的声音。例如，"你听到汽车行驶过去的声音了吗"或者"仔细听，爸爸听到火车的声音了。你听到了吗"。你甚至可以把耳朵转向声音传来的方向，然后把一只手放在耳朵上，做出倾听状来给宝宝做提示。

不要忘记在游戏中加入触觉练习。让宝宝有机会去触摸并感受户外活动中的物体，如青草、树叶和花朵等。不过此时请提高警惕，不要让宝宝把任何东西放进嘴里！

活动 4：再见，宝贝

这项可以改善宝宝站立平衡的活动非常简单且易于操作，只需要准备几个毛绒动物和玩偶即可。首先让宝宝身体靠墙站着，让他的背部和臀部轻轻地贴在墙上，并让他把整个身体挺直。你可以站在墙壁的附近，以确保宝宝的安全并为他提供必要的支撑。然后在宝宝面前几十厘米的地方蹲下来，手中拿着一只毛绒动物，一边对他说："和小熊说再见"，一边挥动小熊的手来给他做示范，如果必要的话，也可以挥动你的手。如果宝宝并不理解你的意图，可以抓着他的手引导他去做挥手的动作，然后表扬他，"宝宝你真棒！你跟小熊挥手告别了"。表扬完后就可以把小熊拿走了。

把手上的玩具换成另一个玩偶后，再次蹲在宝宝的面前，伸直右手把玩偶放在最右边的位置，然后对宝宝说："跟玩偶挥手再见吧！"同时上下晃动玩偶。你的宝宝很可能会把手伸出来朝着玩偶的方向挥手。不过如果他没有这么做的话，就按照之前的做法抓着他的手引导他去做挥手的动作，然后再表扬他。多重复几遍这个活动，过不了多久，你的宝宝就可以自然地挥手告别了，在此期间，宝宝的站立平衡也会得到很好地锻炼。要和宝宝一起加油！

自制泡泡

吹泡泡是一件特别好玩的事情，无论是在室内还是室外，这都是一项很棒的游戏。它会鼓励宝宝进行视觉追踪，而且宝宝很喜欢看泡泡在空中飘浮碰撞直到消失。你还可以示范给宝宝看如何用食指轻触泡泡让它破裂。如果宝宝没有模仿你的动作，可以抓着他的手引导他用食指去触碰泡泡。这项活动既好玩又可以很好地教会宝宝如何用食指去指向物体。既想玩这个游戏又想省钱的话，我们可以自己在家制作泡泡！

把下列材料混合在一起。

- 1/4 杯宝宝洗发水
- 3/4 杯清水
- 3 汤匙玉米糖浆

在游戏开始之前的一两个小时内使用这个配方就可以制作出最好的泡泡。

活动 5：你照亮我的生命

在睡前故事开始之前，可以和宝宝做一个有趣的游戏。关掉或调暗房间内的灯光，打开笔形小手电、大手电筒或其他能发光的玩具，在墙壁上照射出光斑。如果你的宝宝注意到光线，缓慢地将光斑从房间的一侧移动到另一侧，然后再上下移动，以鼓励他进行视觉追踪。你可以将电筒的光照在房间里的不同物品上并对宝宝说："你看到墙上的照片了吗？那是你的毛绒动物吗？"你也可以选择打开灯再关上灯，同时告诉宝宝："瞧！灯亮了，现在又熄灭了！"你还可以将光照在椅子等物品上，对宝宝说："看，这里有一把椅子。"然后熄灭电筒，问宝宝："椅子在哪呢？它去哪儿了？"之后把手电筒重新打开，照在椅子上，然后说："它在这里！"这个游戏一定会逗得宝宝咯咯笑。

因为在这个过程中，宝宝一直在用他的眼睛追踪光线，而且一直专注在你指向的各种物品上，所以这项活动对于宝宝视觉能力的发展是很有帮助的。当你将光照射在一件物品上，关上灯光，然后再次打开物品还在原地的时候，你是在让你的宝宝了解客体永存的概念。

活动 6：枕头不够高吗

把一堆枕头和垫子围成鸟巢的形状，然后把宝宝放在中间。确保枕头和靠垫的尺寸足够大且位置稳固。如果需要的话，可以扶着宝宝的臀部，帮助他爬上枕头越到另一边。爬完以后他会为自己感到骄傲的！

真心话
时间

分离焦虑是宝宝发育的一个阶段性特征，许多宝宝在 7 ~ 8 个月大时就开始表现出这种特征。有些宝宝会比其他宝宝感受到更强烈的分离焦虑，这与宝宝的性格以及成长环境有很大的关系。一些宝宝对看护者的离开会表现出惊声尖叫和激烈大哭，而一些宝宝则会通过哭闹来表达对看护者离开的强烈不满，还有一些宝宝只是小声呜咽。

宝宝快到一周岁了，随着他移动到越来越多的地方，他的深度知觉会继续发展，这意味着他将能够更好地判断物体距离他的远近，以及物体之间的距离。而且，随着宝宝注意力持续时间的增长，他会对简单的图画书表现出更多的兴趣。因此和宝宝一起看书可以很好地帮助他发展对书籍和阅读的热爱。亲子阅读是一项非常好的活动，有大量的研究表明，亲子阅读会促进宝宝的大脑发育，提高宝宝将来的阅读能力，并且，宝宝将来在学校可以取得很好的成绩[84,85]。

正如你所发现的那样，游戏可以为宝宝带来充足的成长机会。请记住，你与宝宝之间的交流很重要，你们交流得越多，宝宝的词汇量就会越丰富。同样，经常叫出宝宝的名字也很重要，因为宝宝在听到他们的名字后会听得更认真。

继续对宝宝的成长发育保持高昂的热情吧，你和宝宝都会有很大的收获的！

第十章

增强成长发育的活动：
适合13~24个月的宝宝

在宝宝 13 ~ 24 个月大的时候，她的身体和大脑会发生惊人的转变。随着宝宝身体的继续发育以及独特个性的逐渐养成，她的发展变化会令你极其惊讶。在这一阶段，她会感受到你表现出来的情绪，因为她渐渐地能够将人的面部表情与内在感受联系起来了，当你感到不安或困扰时，她会感觉到你的这种情绪。

当她到了蹒跚学步的年纪，她会一直忙于探索周围的世界，不断地与周围的环境进行互动。在这段时间里，你会看到她从走到跑，再到跳和攀爬的进步。为宝宝的这些进步做好准备吧！

13～24个月的宝宝的发展指标

当宝宝处在下面的年龄段时，看看她是否展示出以下能力。

13～18个月

◎扶着物体爬站起来

◎借助外力行走或者独立行走

◎蹲下捡起玩具

◎用手指抓着饭吃

◎给硬板书翻页

◎独自用杯子喝水

◎向下扔球

◎堆4块积木

◎脱简单的衣服

19～24个月

◎不是很流畅地跑动

◎用勺子舀着吃饭（有些食物可能会溢出来）

◎用一只脚向前踢球

◎在纸上胡乱画圈圈

◎原地跳两次

◎指向书中的特定图像

◎在辅助下穿衣服

◎堆6块积木

玩具建议：13 ~ 24 个月

以下是一些适合 13 ~ 24 个月宝宝的玩具。请记住，在宝宝睡觉时不能把这些物品留在婴儿床上。

◎可推动的玩具／玩具推车

◎柔软的玩具娃娃

◎形状分类积木

◎敲击玩具

◎可搭建的积木

◎玩具小钉板

◎堆叠玩具

◎木琴

◎玩具鼓

◎嵌入式拼图

◎玩具球

◎可拉动的玩具

作为父母，即使你的宝宝正在体现更多的独立性，在她成长发育的这个阶段你仍然发挥着重要的作用。你的小宝贝会非常喜欢本章介绍的这些刺激发展的活动，这些活动会为你们之间的互动和交流提供很好的机会。

因为这个年龄段的宝宝非常的活跃，所以她很难长时间专注在一件事情上。当宝宝开始觉得无聊时，及时变换活动是一个很恰当的选择。当她坚持下来，完成了一件事情时，要表扬她来庆祝她的成功，但是如果她对正在做的事情失去了兴趣，不要逼迫她继续去做。毫无疑问的是，她的注意力集中的时间会随着年龄的增长而延长。

正在发展的能力：蹲下来捡起玩具

一旦你的宝宝在不借助任何外力的帮助下，可以站立和走路，很快她就会学会如何蹲起了。蹲起是对身体的平衡能力以及对臀部和膝盖的控制力有一定要求的比较难掌握的一项能力。令人惊讶的是，随着你的宝宝身体灵活性的发展，她最终会完成从站立到蹲下再到站起来的动作而不会摔倒。但是，在这个过程中，她可能会因为失去平衡而摔倒很多次。不过请理解，在练习过程中摔倒是很正常的。在她一次又一次的尝试过程中，她不仅渐渐地掌握了身体平衡，她腿部和臀部的肌肉力量也得到了增强。

婴儿沐浴椅：请避免使用

现在你的宝宝可以独立地四处走动了，你可能会考虑购买一个婴儿沐浴椅放到浴缸里。这类座椅可以让宝宝坐在成人浴缸中洗澡。但不幸的是，这些座椅可能会翻倒，从而导致宝宝掉入水中而溺亡。美国消费者产品安全委员会建议：请父母使用硬塑料材质的儿童浴缸。请务必记住，在给宝宝洗澡的时候，一定不能留宝宝一个人在浴缸里或离开宝宝的身边。一定要注意，在洗澡时至少要用一只手抓着你的宝宝[86]。

适合 13 ～ 24 个月的宝宝的游戏活动

活动 1：挤挤挤

给宝宝洗澡时，可以让她玩一些海绵。到厨房找几块儿彩色海绵，裁剪成不同的形状，正方形、长方形、星星形、圆形都可以，适合宝宝在洗澡时拿在手里就好。尽情发挥自己的想象力吧！给宝宝展示怎样把海绵浸入水中，待海绵完全浸湿后，拿出来再把水拧干。宝宝很喜欢这类游戏，而且玩的过程中也会锻炼她的手部肌肉。

活动 2：蹲蹲看

在宝宝站着的时候，鼓励宝宝下蹲，训练下蹲需要的力量。把吸引宝宝的玩具放在她膝盖以下的位置，宝宝就会蹲下去拿。在她屈膝抓取玩具时，把玩具继续往下放，宝宝会继续往下蹲形成下蹲的姿势。如此重复，直到把玩具放在地板上，宝宝拿到为止。

活动 3：拾玩具

你可以让宝宝推着玩具购物车，捡起摆在地上的玩具，锻炼宝宝下蹲。宝宝可以一边推车

拾玩具

向前走，一边蹲下拾玩具。手推购物车会给宝宝的胳膊提供支撑，她就不用完全依靠腿部力量。如果家里没有购物车或推车玩具，宝宝站立时，你可以坐在她的后面，让她背对你站着，地上放一个吸引她的玩具，玩具需摆在宝宝面前。在宝宝开始下蹲抓取玩具时，托住她的臀部，给她一些支撑。宝宝拿到玩具，起身稳住时，你就可以慢慢地松手了。

活动 4：手鼓超人

这个游戏首先需要自己制作两个小手鼓。之后，你就可以和宝宝一起玩模仿游戏了。你和宝宝一人一个手鼓，面对面地站着。教她如何把手鼓晃出声，鼓励宝宝一起晃。宝宝学会摇晃手鼓后，再教宝宝用一只手拿鼓，另一只手敲鼓。当宝宝在模仿你时，说句"真棒"来鼓励她。

如果宝宝玩得很开心，你可以继续陪她玩。这时你可以将鼓置于臀部后方、头顶上方等各个位置，敲打手鼓，让宝宝模仿着你做这些动作。你还可以和宝宝一起演奏乐曲。这个游戏可以提升宝宝的动作能力。

自制玩具手鼓

取两块硬纸板，将其粘牢，但不要完全封口。（注意不要用塑料泡沫板，易折断。）手鼓中装一些谷物，半满即可，而后封口粘牢。可选用彩色的胶带进行粘贴，好看且牢固。重复上述步骤来制作第二个手鼓。

活动 5：哐当哐当呜呜呜呜

宝宝在学会自己走路之后，仍喜欢玩一些爬的游戏。在宝宝爬的过程中，可以让她推拉玩具，比如说可以给她玩一个自制的小火车。

哐当哐当呜呜呜呜

没有小孩子不喜欢玩小火车，一个简易自制的小火车会让宝宝玩得非常开心。教宝宝装卸货物、拉动火车。你还可以发挥自己的创造力，给宝宝做一个火车小隧道，让她推着火车穿越隧道。这也是一个教她穿过去和在下面等概念的好机会。

自制玩具小火车

找几个小盒子（牛奶盒或单独包装的麦片盒都可以），用绸带系在一起。盒子底部要平滑，这样宝宝才能拉得动小火车。如果不太平滑，可在盒子底部粘上几块方形贴纸。再把盒子的顶部剪开，宝宝就可以把小玩具或零食装进去了。

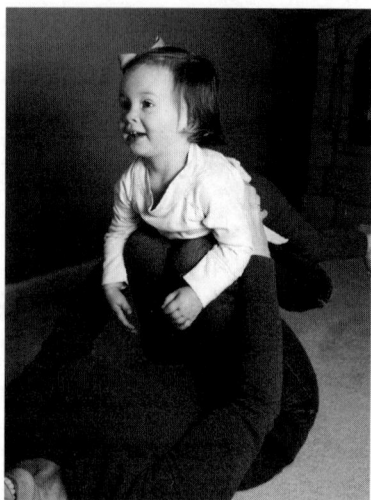
飞高高

活动6：飞高高

你躺下来，向头部的方向提臀提膝，小腿形成一个平面后，把宝宝置于小腿之上，把手放在宝宝的腋窝处，握住宝宝的胸腔。轻微地活动臀部，伸展弯曲膝关节，让宝宝在空中起落。一边带着宝宝活动，一边说"飞高高咯"。一定要注意抓紧宝宝。

活动7：自己指指看

指向动作是一种交流的方式。宝宝会用食指指向她想要的东西或指向她想让你看的事物。宝宝很喜欢这样的指向游戏。问宝宝"你的鼻子在哪儿？眼睛在哪儿？妈妈在哪儿？"鼓励宝宝用手指指向的方式来回答这些问题。如果宝宝没有自发地做出指向动作，你要做指向示范。宝宝想要某个物品的话，如果她能直接去抓，或是嘟囔着说出来，就不要把这个物品直接递给她，告诉宝宝来指这个物品，比如，"你可以指着这瓶饮料，说'饮料'吗"。别错过任何一个能教宝宝的机会。

活动8：按按按

你可以让宝宝用玩具电话拨号码或是按旧键盘来锻炼宝宝的指向能力。把装鸡蛋的盒子和旧冰盘底部的凸出部分都粘上不同材质的布料，教宝宝用食指指向、触摸和轻按这些布料。宝宝很喜欢这样的游戏，同时也能锻炼宝宝食指的独立性。

活动 9：找找看

你可以和宝宝玩"找找看"的游戏，指着一个玩具，说"你能找到那个红色的消防车吗"，确保宝宝看到你正直视着所指的玩具。宝宝找到这个玩具后，说"真棒！你找到了红色的消防车！那你现在能找到那个红球吗"，一定要保证看着自己指的那个球。宝宝喜欢这样的游戏，这也可以提升她的沟通能力。

正在发展的能力：画圈圈

你会发现自己在列购物清单、填写支票的时候，宝宝非常感兴趣，有时她甚至会试着把你手中的笔抢过来。在这个时期，可以让宝宝用蜡笔在纸上写写画画。这可以教会她因果关系，还可以教她认识颜色。

这个阶段，宝宝可能会用握拳式的方法握笔或者把拇指和食指空出，向下弯曲，用另外三根手指握笔。宝宝在这个阶段都普遍这样。

教育视频：美国儿科学会建议父母不要让宝宝看教育视频

每位父母都想知道教育视频真的能帮助孩子学习吗？而研究结果表明教育视频对宝宝没有任何帮助。一项研究发现，就语言习得而言，观看教育视频的宝宝与那些没有看过的宝宝相比没有区别[87]。另一项研究证实，宝宝学说话的过程中，与真人互动的效果要好于被动地听视频[13, 88]。更重要的是，宝宝用来看教育视频的时间可以用来与父母、兄弟姐妹或看护人进行交流互动[13]。比如，在互动过程中，妈妈可以说"看！这是一只小鸟！小鸟啾啾地叫！小鸟怎么叫？"宝宝可以获得新的知识，通过回答妈妈的问题可以回想学过的知识。宝宝回答正确时，妈妈可以通过鼓励宝宝"真棒！答对了！小鸟'啾啾'地叫！"来强化她的记忆。教两岁以下的宝宝学说话，与宝宝沟通互动要好于让她看教育视频。

不看教育视频，来玩游戏吧！

活动 1：涂涂涂

给立体的平面涂颜色，宝宝要伸展手腕，与写字、剪纸的姿势相同，这样的动作可以锻炼宝宝的肩部肌肉，这部分肌肉和躯干肌肉一起为宝宝的胳膊和手提供支撑力量。稳定的支撑基础可以让宝宝在未来成长中学会很多动作技能。宝宝可以通过站着涂色或用手指画画来加强这一支撑基础。家里如果没有画架，可在墙上粘一大张纸来代替（厚的纸较为理想）。虽然纸张已经固定，在宝宝写写画画的时候也要提醒她用一只手来扶着画纸，再用另一只手写写画画，这样可以锻炼她双手的活动技能。

活动 2：画画画

如果宝宝喜欢涂色，她可能会喜欢用手指画画。如果条件允许，宝宝画画时，让她坐在一个带托盘的高椅子上。根据食谱做一些可食用的指画颜料，也可选用香草或巧克力布丁。托盘上贴一大张厚纸（蜡纸和金属箔都可以），给宝宝一小碗颜料或布丁。家长示范用食指在纸上画圆圈或其他图案。宝宝可能会模仿着你画横线或竖线。如果她没有进行模仿，你应该手握宝宝的手，带着她画上几笔。一边画，一边告诉她正在画什么，"我们现在画一条向下的线"或者"现在我们画一个圆圈"。你放开宝宝的手，再一次示范画之前的那几笔，重复刚才说的话。看宝宝是否会模仿，如果宝宝进行了模仿，你应再次鼓励"真棒，你现在画了一条向下的线"。

在这个阶段，宝宝如果没有兴趣模仿画画，你也不必担心。让宝宝尽情地发挥自己的艺术创造力，才是她最大的乐趣！

自制可食用指画颜料

制作可食用指画颜料，需准备下列材料。

- 3/4 杯玉米粉
- 6 勺食糖
- 4.5 杯水
- 各种颜色的天然食用色素

将玉米粉和食糖倒入锅里搅拌，中火，慢慢加水，将混合物加热至黏稠状。稍微冷却一会儿，然后均分为 4 等份，再倒入自己喜欢的食用色素，待其冷却变稠。

这样的自制指画颜料可在密封的容器中保存 1 周。

活动3：打电话

你在打电话的时候，是否注意过宝宝一直在看着你？她一直在学习，尤其是在看着你的时候。如果把电话递给她，她可能会直接放在耳旁。也许她已经有了自己的玩具电话，不管怎样，都要和宝宝玩一玩打电话的游戏。你让宝宝坐在你的腿上，将电话放在自己的耳旁，交谈的时候要提到宝宝的名字。"我今天和苏西玩得很开心。她就在我旁边，你想和她打声招呼吗？"这时把电话放在宝宝的耳旁，"苏西，和电话那边的人打声招呼吧。"后续的对话要使用宝宝熟悉的词语，比如爸爸和妈妈等词语。偶尔将电话放在宝宝耳边，看她是否能继续聊天。

活动4：舀舀舀

下面介绍的是一个简单有趣的游戏，教宝宝学会舀东西、倒东西。找一个带盖儿的小罐子，倒进一盒干麦片。给宝宝找一个能握得住的小杯子，教她用杯子舀出麦片，再向宝宝展示把麦片从一个杯子倒进另一个杯子是多么有趣。然后给宝宝一个勺子，教她怎么用勺子舀麦片，怎么把勺子放在杯子里。这样可以锻炼宝宝学着自己吃饭。

活动5：拉拉玩具

教宝宝站着拉玩具玩，让宝宝抓住系着玩具的绳子，鼓励她拉着身后的玩具向前走。带着宝宝走过家具旁，走到墙角处。也可以带宝宝到室外，看她在车道、草坪这样不平整的地方，能不能拉得动玩具。系在玩具上的绳子不要过长，以免勒住宝宝。宝宝在拉玩具的时候，要时刻陪在她身边。游戏结束后，请将玩具妥善保管好 [89]。

自制玩具沙包

要自制沙包，你需准备以下材料。

- 两双彩色旧袜子（注意袜子不能有破洞）
- 一大包干豆子
- 一个大纸箱

把豆子装进袜子，不要装太满，豆子才能晃起来。用针线封口，缝制成拳头大小的沙包。布沙包可以给宝宝带来感官输入，你可把各式的布料裁剪成10厘米大小的正方形，缝在一起即可。灯芯绒、平绒、人造革、羊毛、皮革等材质的布料都可以。宝宝会很喜欢这样有手感的沙包。

在盒顶中心打一个洞，盒子两侧面中心各打一个洞，上面的洞口比两侧的稍大一些，大小能把沙包顺利丢进去就可以。把有洞的这三个面装饰成三张脸，洞口装饰成嘴巴形状。开始游戏吧！先给宝宝示范怎样把沙包丢进盒里。最好让宝宝站在盒子跟前，把沙包直接丢进去，每次扔中了她都会非常开心。鼓励宝宝，"加油！真棒！正中目标！" 4个沙包都丢进去之后，和宝宝一起打开盒子取出沙包，继续玩下一轮游戏。等宝宝再长大一点，可以让宝宝背对着箱子丢沙包，这样使得游戏更有挑战性。最后，你可以教宝宝用下手球、上手球的方式丢沙包。

活动6：连连看

宝宝在这个时期会学习很多新技能，其中就包括辨识物品之间的异同之处。当前是让宝宝玩配对游戏的最佳时期。教宝宝怎样找出相似的物品，比如杯子、娃娃、袜子、勺子、衣物等。也可以把熟悉的人、宠物或喜欢的物品拍下来，洗成照片，再给照片压膜。然后放到桌上，给宝宝示范怎样配对。接下来让宝宝自己玩吧！游戏结束后，可把照片收到盒里，雨天在家时再和宝宝一起玩。

活动7：学走路

学走路是一项极具挑战性的技能，一定要给宝宝制造足够的机会进行练习。给宝宝示范如何边走边推箱子或椅子（大一些的箱子或带轮的椅子），这样可以锻炼宝宝的力量和平衡感。

小贴士　玩耍约会

千万别忘了让宝宝和其他的小朋友一起玩耍。宝宝要多和其他小朋友一起玩，才能学会分享，并提高宝宝的社交能力。

穿越障碍也是一个非常有趣的游戏，可以锻炼宝宝身体的平衡能力、协调性和动作技巧。你可以考虑宝宝自身的能力，为她专门设计一个障碍跑道。首先，环视四周，把屋里边角锋利或易碎的危险物品搬开。找一些大箱子、垫子、枕头、椅子、洗衣篮等方便找到的物品，为宝宝设计一个有趣的越障跑道。这样的游

戏，可以锻炼宝宝从障碍物上方或下方爬过、绕过障碍物等能力。有桌布的桌子可当成隧道。在你身体条件允许的情况下，可以先穿越障碍，让宝宝跟在身后。穿行过程中，跟宝宝说："真好玩！你爬过了枕头，又穿过了隧道！"游戏过程中，也可以放一些音乐，增加点乐趣。

活动 8：四处走走

宝宝开始学走路时，给她一个能推的玩具，这样可以锻炼宝宝的走路能力和身体平衡性。玩具购物车是小孩的最爱！宝宝走路时，你跪坐在她身后，托住她的臀部。待宝宝走路相对稳一些时，就不用再帮她了。

如果家里没有能推的玩具，可以用和宝宝差不多高的椅子或盒子来代替。找 4 个网球沿缝切开装在椅子腿上，椅子就能滑动了。如果宝宝还是推不动，你要给宝宝一点点帮助，但注意要慢慢推才可以。

四处走走

正在发展的能力：堆 4 ~ 6 块积木

堆积木虽然是一项极具挑战性的技能，但是宝宝还是很喜欢这样的游戏。这个游戏需要宝宝有抓取和移动积木的能力，还要有适当摆放积木的运动规划能力。当前，宝宝正在提升这些能力，抓取和摆放积木会越来越稳，堆积木也就越来越容易。这个时期应该给宝宝玩各式各样可以堆起来的玩具，比如积木、乐趣环等。宝宝乐于体验这样的游戏。

电视：美国儿科学会建议父母不要让未满两周岁的宝宝看电视

美国儿科学会建议未满两周岁的幼童要远离电视。给宝宝看半小时电视，你就能做完家务甚至能做晚饭。不给宝宝看电视，使得一个人带孩子变成了一个艰巨的任务，宝宝若不能独立玩耍就会变得难上加难。但你还可以尝试一些替代看电视的办法。原因是什么呢？

研究表明多数未满两周岁的宝宝都看不懂电视，这意味着宝宝从教育节目中学不到什么东西[90]。此外，研究人员还指出，闪光灯、场景突变、声音之繁可能会对宝宝大脑发育产生过度刺激，所以在宝宝面前少看电视才是明智的选择[15]。

研究指出，电视开着会分散宝宝的注意力[91,92]，影响宝宝玩的能力。玩是宝宝了解世界的重要方式。然而，研究人员发现有宝宝的家庭中，39% 总是在宝宝面前开着电视[93]。看电视使得你与宝宝的交流减少，从而导致宝宝接触与联系的话语也变少了。总之，看电视对两周岁以下的宝宝是不利的。

　　既然电视不适合宝宝看，那么繁忙的你又能怎么办呢？一个办法就是有声读物。我的孩子们都喜欢有声读物。我非常喜欢公共图书馆，是那里的熟客，常给孩子借一些有声读物。这样你就会发现，宝宝聆听这么多有声又有趣的故事是多么开心。如果你或其他家庭成员不能拿起书给宝宝讲故事，那就播放一张 CD，让宝宝开开心心地听听故事吧！

　　自己朗读几个宝宝喜欢的故事然后录下来，也是一个非常好的办法。朗读时声音要有趣、有活力。用不同的音调模仿故事中的各个角色。读完故事后，偶尔提个问题。比如"你喜欢小猫咪吗？小猫是'喵喵喵'地叫吗？"在你处理较急的家务时，给宝宝听听这些故事是带宝宝的好办法。

　　还有其他办法吗？有，那就是音乐！宝宝们都喜欢音乐。找几首宝宝喜欢的曲子，把她哼唱的录制下来。只有在做非常重要的工作时，才放这些录音。听着这些曲子，对宝宝和你而言，都是一种特别的体验。

小贴士　什么时候可以看电视？

　　为了减少宝宝和电视的接触，可以把自己喜欢的节目录下来，等宝宝不在房间或最好等她睡着的时候再看。

别看电视了，玩玩游戏吧

活动 1：堆积木

教宝宝堆积木，最好从堆大积木开始，逐渐再堆小的积木。可以先用食物储藏盒，慢慢再用小一点的盒子，再用循环积木。宝宝刚开始学，堆 2 或 3 层就可以。你先给宝宝示范怎样把一个积木搁在另一个上，然后再让宝宝自己堆。如果宝宝学不会，就把一个放她手里，一个放桌上，轻敲桌上的积木告诉宝宝"把你手里的积木搁到这块上。"如果宝宝几次都搁不上去的话，就把积木贴上魔术贴辅助她学堆积木。

也可以让宝宝对着墙或盒子的一角堆积木，这样可以帮助她对准位置。宝宝掌握堆积木的要点之后，就不要再用墙或盒子角，也要摘下积木上的魔术贴。这个游戏可以锻炼宝宝的手眼协调、动作技能和视觉技巧。堆完就让宝宝把它一把推到，这会让她非常开心。

真心话时间

近两周岁的宝宝会表现出自己偏爱用左手或右手。但很多宝宝可能到 3、4 周岁都不会有这种表现。不要特意让宝宝用哪只手，宝宝自己的选择才会让她舒适自如。

活动 2：玩布带

找两个容器，其中一个的开口要和宝宝的手一样大，另一个有小口即可，蜂蜜瓶就可以。根据个人喜好用无害彩笔进行涂饰。

将颜色不同、宽度各异、材质多样的布带（长度不要超过 15 厘米）放进大口容器里。再教宝宝怎样从容器里取出布带。

然后让宝宝用食指顺着小口瓶的瓶口把布带一条一条地推送进去。这个游戏简单又有趣，还能锻炼宝宝的动作技能。宝宝需在你的帮助下取出瓶中的布带，重新开始下一轮的游戏。

活动 3：彩球超人

小彩球能让宝宝收获完成动作技能的快乐。在厨房找一个松饼盒或冰盘、空湿巾盒、一包小彩球（工艺品店、一元店都能买到）。宝宝把小球放进松饼盒的凹槽里，放进再拿出。再让宝宝把小球从一个盒里转移到另一个盒里。你还可以教宝宝把小球按颜色进行分类，这样可以锻炼宝宝指尖抓握和手眼协调的能力。游戏过程中，你需时刻陪在宝宝身边，以免发生误吞的情况。

活动 4：盒子里面有什么？

自制一件抽拉玩具，可以鼓励宝宝用食指按开湿巾盒。盒子打开后，要让宝宝看到里面的布片。如果宝宝没有把它拉出来，你应该为她做示范，用拇指和食指夹出布片。鼓励宝宝一只手抓住盒子，另一只手拉取布片。还可以让宝宝在你的帮助下，用胳膊夹住湿巾盒。鼓励宝宝把盒里的布片都拉出来，这样可以锻炼宝宝双手协同进行抓取和捏拿的能力。

抽拉玩具

自制抽拉玩具 [94]

你有没有让宝宝玩过湿巾盒？从盒子里拉出湿巾再丢到地上对她来说是一种开心的体验。金姆在ASpottedPony.com 上分享了自己的创意，将空湿巾盒回收利用，把它变成宝宝爱不释手的玩具。为有带动性又有意义的游戏活动花点心思吧！

废物利用、安静有趣、对宝宝没有伤害、成本不高又能激励宝宝，这样的游戏你也会喜欢的！宝宝乐于按开盒子，拉出彩色碎布片。

首先，要把盒子里的湿巾都用完（对于有宝宝的家庭来说不是件难事）。你可以按自己的喜好，在家里收集一些布片。若有能力，可以在布片上缝上数字、字母和其他图形。这样在和宝宝一起做游戏时，还可以教她认识布上的数字、字母或图形。不同布料的材质、图案和颜色，都会让宝宝迫不及待地想知道下一个布片到底是什么样子。

如果家里没有碎布片，可以把破旧的 T 恤衫或毛巾剪开。布片缝边还是保持原样都可以。可参照 DVD 盒的大小进行裁剪。一个盒子里放 20 枚布片为宜。送给待产妈妈或庆祝宝宝的周岁生日，都是一份具有特殊意义的礼物。

活动 5：保持身体平衡

宝宝学会自己走路之后，就可以熟练地移动重心。她自己可以扶着你用单脚站立，有的宝宝可能自己就会用单脚站立。宝宝站着的时候，你给她演示如何用一只脚站着，站在宝宝面前，拉起她的手，同时抬起一只脚，让宝宝做一样的动作。如果宝宝没有模仿，你可以一边唱歌一边左脚、右脚变换站着，观察宝宝有没有参

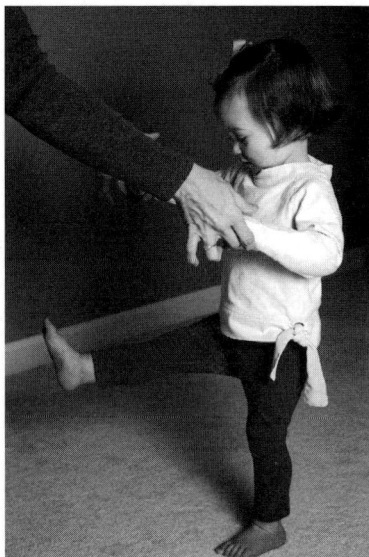

保持身体平衡

与其中。宝宝获得力量和信心之后，很快就能用单脚站几秒了。用单脚站着是一项非常重要的的技能，这样宝宝日后才能学会自己穿裤子或短裤。

活动 6：跳一跳

把家里结实的沙发垫或椅垫放在地板上，让宝宝站在垫子中央，你屈膝，跟宝宝说："看！妈妈在弯曲膝盖，你能和妈妈一样吗"，然后给宝宝示范向前跳。你拉起宝宝的双手，再次示范刚才的屈膝动作，"看！妈妈在弯曲膝盖，你能和妈妈一样吗"。宝宝屈膝后，跟宝宝说"跳"。宝宝的双脚离开垫子时，你抓着宝宝的手，稍给她一些外力帮助，帮其跳起来。跳完后，夸奖宝宝"你真棒！跳得太好了！"

活动 7：塑料彩蛋玩起来

你有没有想过家里剩下的塑料彩蛋应该怎么处理呢？在这里介绍一个游戏，既能让你把彩蛋利用起来，又能锻炼宝宝的抓取能力和双手的动作能力。你需要准备 6 ~ 8 个塑料彩蛋，3 或 4 只彩色旧袜子。把袜子的脚趾部分剪掉，给宝宝示范怎样把彩蛋装进袜子里，手伸进去，把彩蛋拽出来。也可以用两只手把彩蛋从袜子的另一个口里挤出来。让宝宝自己动手玩一玩，鼓励她从两个口来回推彩蛋。这个游戏看似简单，宝宝却能玩得很开心，想反复玩。如果彩蛋出现裂痕，游戏前把破损的部分用无害胶水粘好即可。

活动 8：一起来踢球

近两周岁时，宝宝会对踢球感兴趣。如果宝宝没有表现出来踢球的兴趣，你可以教她怎么踢。在室内的话，可以让宝宝光着脚，这样就可以让她感受一下脚趾碰球的感觉。首先要给宝宝示范如何踢球，可以踢像充气沙滩球这样轻巧的大球。宝宝学会站定踢球后，你可以把宝宝踢来的球滚动着传回去。

一起来踢球

球到宝宝脚边时，告诉宝宝"快踢！"球如果只和宝宝的脚擦边而过，也要夸奖她"真棒！你踢球踢得真好！"稍稍训练，宝宝很快就能学会了。

　　多么奇妙啊！宝宝已经忙着探索自己的世界了，现在她赋予"从不停歇"这个词以全新的意义——自己不停歇地探索着世界。随着探索进程的推进，宝宝会收获很多的技能，并增强自信。随着宝宝的词汇量增加，有能力用身体语言表达，使得您和宝宝之间的沟通变得更容易。您在宝宝的成长过程中起到了重要作用，和宝宝一起度过有意义的时光，一起玩这本书上的游戏，会使双方更亲密。您的宝宝拥有光明的未来，是您为其成长打下了坚实的基础。继续陪宝宝一起玩游戏，一起参与有趣且激励宝宝成长的活动吧。你会发现，陪在宝宝身边再度探索世界有多么美好。

─── **结语** ───────────────

读完本书，现在你掌握了许多知识和工具，可以让游戏成为宝宝日常生活中充满乐趣并且能够提供适宜刺激的一部分。你和宝宝玩游戏时，注意尽量让游戏简单一点、灵活一些，还要选择适合你们的内容。如果玩耍的时间很充裕，请尽可能把书中介绍的、适合宝宝年龄的游戏玩一遍。

很重要的一点是，你要找到鼓励和过度激励之间的平衡点。和宝宝玩游戏时，一开始要慢慢来，保持放松状态，并鼓励宝宝也放松。你要对宝宝的需求保持敏感，保持交流。记住，如果宝宝转过身开始四处张望，说明她需要休息一下了。

你应该尽力控制宝宝使用婴儿用品的时间，避免他们接触电视、DVD 和其他科技产品。下面的图表包含了本书中各种婴儿用品的详细使用指南。如果您想看看某件产品的使用方法，就可以快速浏览下这份指南，并参考厂家的安全使用说明。有可能的话，你应该将宝宝每天使用各种婴儿产品的总时长限制在 2~3 小时（少一点更好）。别忘了，时常让宝宝动一动，做游戏的时候多让宝宝做俯卧和侧卧动作。

在宝宝刚出生的几个月，您很容易被育儿的各种工作压得筋疲力尽。慢慢来，深呼吸，记住，要照顾好自己。吃好、休息好、安排好日常生活所需，为自己留些时间，做一个全新的自己。如果您的精神和身体都处于最佳状态，这对宝宝来说也是最好的。需要别人帮忙就尽管张口，不要害怕。您的家人和朋友都会支持您的。

和您一样，我们都希望自己的宝宝成为最好、最聪明的那个。我们想让他们上最好的幼儿园，这样一来他们就能进入最好的中小学，考入好的大学。从宝宝生下来那天起，我们就在为宝宝付出心血，但有时单凭这一个念头是不够的。正如玛雅·安吉罗说的："你知道得更多，才能做得更好。"

既然已经知道过度使用婴儿用品、教育类DVD、电视和智能玩具可能对宝宝的成长造成负面影响，那我们就要行动起来，尽最大努力在宝宝两周岁前，减少婴儿用品的使用，杜绝他们看电视。

对社会而言，父母、孩子的其他看护人、儿科医生和其他专业人士需要建立共识：有些东西需要改变。我们绝对不能将宝宝的未来置于危险之中。所以，我们必须严格限制使用婴儿用品、教育类DVD、电视和智能玩具的时间，去花更多时间来爱抚、拥抱宝宝，多跟他们玩耍、交流。

我衷心希望本书提供的信息能让您了解您在宝宝成长过程中扮演的重要角色。请和宝宝一起度过美好时光，一起玩耍，辅导宝宝学习，陪伴宝宝茁壮成长吧。和宝宝在一起的时间如此宝贵而又短暂，所以请您一定要利用好每一分每一秒！

婴儿用品	使用建议	使用时间
婴儿沐浴椅	请避免使用——不安全	无
宝宝摇椅	请遵循本书第七章的使用建议	每天使用时间不得超过 30 分钟
Bumbo 婴儿座椅	只能在有大人监督的情况下使用	每天使用时间不得超过 15 分钟
护栏垫	请避免使用——不安全	无
汽车安全座椅	只能在乘车出行时使用	视情况而定
婴儿背带	必要时才使用，可行情况下请尽量抱着宝宝	视情况而定
床上婴儿篮	请避免使用——不安全	无
少于四面的尿布台	请避免使用——不安全	无
侧拉式婴儿床	请避免使用——不安全	无
教学视频	请不要让未满两周岁的宝宝看教学视频	无

（续表）

婴儿用品	使用建议	使用时间
固定式活动中心	请遵循本书第八章的使用建议	每天使用时间不得超过 15 分钟
弹跳健身架	请避免使用——不安全	无
婴儿秋千椅	请遵循本书第七章的使用建议	每天使用时间不得超过 30 分钟
电视	请不要让未满两周岁的宝宝看电视	无
便携式睡眠摇椅	请遵循本书第六章的使用建议	每天使用时间不得超过 30 分钟
睡姿定型枕	请避免使用——不安全	无
智能玩具	请遵循本书第九章的使用建议	请限制使用
婴儿学步车	请避免使用——不安全	无
婴儿学步带	请遵循本书第九章的使用建议	每次使用时间最控制在 5 ~ 10 分钟

参考文献

[1] US Department of Agriculture. http://www.usda.gov. Accessed May 30, 2013

[2] Kotulak R. *Inside the Brain: Revolutionary Discoveries of How the Mind Works*. Kansas City, MO: Andrews and McMeel; 1997

[3] Schiller P. Early brain development research review and update. *Brain Development Exchange*. November/December 2010:26–30

[4] Littlefield TR, Kelly KM, Reiff JL, Pomatto JK. Car seats, infant carriers, and swings: their role in deformational plagiocephaly. *J Prosthet Orthot*. 2003;15(3):102–106

[5] Kane AA, Mitchell LE, Craven KP, Marsh JL. Observations on a recent increase in plagiocephaly without synostosis. *Pediatrics*. 1996;97(6):877–885

[6] Pin T, Eldridge B, Galea MP. A review of the effects of sleep position, play position and equipment use on motor development of infants. *Dev Med Child Neurol*. 2007;49(11):858–867

[7] Christakis DA, Gilkerson J, Richards JA, et al. Audible television and decreased adult words, infant vocalizations, and conversational turns: a population based study. *Arch Pediatr Adolesc Med*. 2009;163(6):554–558

[8] Zimmerman FJ, Christakis DA. Children's television viewing and cognitive outcomes: a longitudinal analysis of national data. *Arch Pediatr Adolesc Med*. 2005;159(7):619–625

［9］ Christakis DA, Zimmerman FJ, DiGiuseppe DL, McCarty CA. Early television exposure and subsequent attentional problems in children. *Pediatrics*. 2004;113(4):708–713

［10］ Hancox RJ, Poulton R. Watching television is associated with childhood obesity: but is it clinically important? *Int J Obes (Lond)*. 2006;30(1):171–175

［11］ Manganello JA, Taylor CA. Television exposure as a risk factor for aggressive behavior among 3-year-old children. *Arch Pediatr Adolesc Med*. 2009;163(11):1037–1045

［12］ Thompson DA, Christakis DA. The association between television viewing and irregular sleep schedules among children less than 3 years of age. *Pediatrics*. 2005;116(4):851–856

［13］ American Academy of Pediatrics Council on Communications and Media. Media use by children younger than 2 years. *Pediatrics*. 2011;128(5):1040–1045

［14］ Hart B, Risley RT. *Meaningful Differences in the Everyday Experience of Young American Children*. Baltimore, MD: Paul H. Brookes; 1995

［15］ Christakis DA. The effects of fast-paced cartoons. *Pediatrics*. 2011;128(4):772–774

［16］ Rideout V, Hammel E. *The Media Family: Electronic Media in the Lives of Infants, Toddlers, Preschoolers and their Parents*. Menlo Park, CA: Kaiser Family Foundation; 2006

［17］ Troseth GL, DeLoache JS. The medium can obscure the message: young children's understanding of video. *Child Dev.* 1998;69(4):950–965

[18] Schmitt KL, Anderson DR. Television & reality: toddlers' use of visual information from video to guide behavior. *Media Psychol.* 2002;4(1):51–76

[19] American Academy of Pediatrics. HealthyChildren.org. http://www.healthychildren.org. Accessed May 30, 2013

[20] Bly L. *Motor Skill Acquisition in the First Year: An Illustrated Guide to Normal Development.* San Antonio, TX: Therapy Skill Builders; 1994

[21] Consumer Reports. Baby walker buying guide. http://www.consumerreports.org/cro/baby-walkers/buying-guide.htm. Updated November 2012. Accessed May 30, 2013

[22] Gardner HG, American Academy of Pediatrics Committee on Injury, Violence, and Poison Prevention. Office-based counseling for unintentional injury prevention. *Pediatrics.* 2007;119(1):202–206

[23] American Academy of Pediatrics Task Force on Infant Sleep Positioning and SIDS. Positioning and SIDS. *Pediatrics.* 1992;89(6):1120–1126

[24] Davis BE, Moon RY, Sachs HC, Ottolini MC. Effects of sleep position on infant motor development. *Pediatrics.* 1998;102(5):1135–1140

[25] World Health Organization Multicenter Growth Reference Study Group. WHO Motor Development Study: windows of achievement for six gross motor development milestones. *Acta Paediatr Suppl.* 2006;450:86–95

[26] Kranowitz CS. *The Out of Sync Child: Recognizing and Coping with Sensory Processing Disorder.* New York, NY: Perigee Book; 2005

［27］ Hamer RD, Mirabella G. What can my baby see? Smith-Kettlewell Eye Research Institute. http://www.ski.org/Vision/babyvision.html. Accessed May 30, 2013

［28］ American Optometric Association. Infant vision: birth to 24 months of age. http://www.aoa.org/x9420.xml. Accessed May 30, 2013

［29］ Saffran JR, Werker JF, Werner LA. The infant's auditory world: hearing, speech, and the beginnings of language. In: Kuhn D, Siegler RS, eds. *Handbook of Child Psychology: Vol. 2: Cognition, Perception, and Language*. 6th ed. Hoboken, NJ: John Wiley & Sons; 2006:58–108

［30］ Chiocca EM. *Advanced Pediatric Assessment*. Philadephia, PA: Lippincott Williams & Wilkins; 2011

［31］ Mennella JA, Beauchamp GK. Infants' exploration of scented toys: effects of prior experiences. *Chem Senses*. 1998;23(1):11–17

［32］ Ayres AJ, Robbins J. *Sensory Integration and the Child: Understanding Hidden Sensory Challenges*. 25th anniversary ed. Los Angeles, CA: Western Psychological Services; 2005

［33］ Goldberg JM, Wilson VJ, Cullen KE, et al. *The Vestibular Sense: A Sixth Sense*. New York, NY: Oxford University Press; 2012

［34］ Bundy AC, Lane S, Murray EA, Fisher AG. *Sensory Integration: Theory and Practice*. 2nd ed. Philadelphia, PA: F.A. Davis; 2002

［35］ Cameron OG. *Visceral Sensory Neuroscience: Interoception*. New York, NY: Oxford University Press; 2002

［36］ American Academy of Pediatrics Section on Complementary and

Integrative Medicine and Council on Children with Disabilities. Sensory integration therapies for children with developmental and behavioral disorders. *Pediatrics.* 2012;129(6):1186–1189

[37] Sensory Processing Disorder Foundation. Sensory processing disorder checklist. http://www.spdfoundation.net/library/checklist.html. Accessed May 30, 2013

[38] American Academy of Pediatrics Task Force on Sudden Infant Death Syndrome. The changing concept of sudden infant death syndrome: diagnostic coding shifts, controversies regarding the sleeping environment, and new variables to consider in reducing risk. *Pediatrics.* 2005;116(5):1245–1255

[39] Centers for Disease Control and Prevention. Sudden unexpected infant death and sudden infant death syndrome. http://www.cdc.gov/sids. Accessed May 30, 2013

[40] American Academy of Pediatrics Task Force on Sudden Infant Death Syndrome. SIDS and other sleep-related infant deaths: expansion of recommendations for a safe infant sleeping environment. *Pediatrics.* 2011;128(5):1030–1039

[41] Consumer Reports. Five products not to buy for your baby. http://news.consumerreports.org/safety/2009/04/unsafe-baby-productsbath-seats-slings-sleep-positioners-bumpers-cosleepers.html. Published April 22, 2009. Accessed May 30, 2013

[42] Pathways Awareness. National survey of pediatric experts indicates increase in infant delays; more tummy time is key. http://www.pathways.

org/images/conference_pdfs/TT-handout.pdf. Accessed May 30, 2013

[43] Mildred J. Beard K, Dallwitz A, Unwin J. Play position is influenced by knowledge of SIDS sleep position recommendations. *J Pediatr Child Health*. 1995;31(6):499–502

[44] Dudek-Shriber L. The effects of prone positioning on the quality and acquisition of developmental milestones in four-month-old infants. *Pediatr Phys Ther*. 2007;19(1):48–55

[45] Jennings JT, Sarbaugh BG, Payne NS. Conveying the message about optimal infant positions. *Phys Occup Ther Pediatr*. 2005;25(3):3–18

[46] American Academy of Pediatrics Healthy Child Care America. Back to sleep, tummy to play. http://www.healthychildcare.org/pdf/ SIDStummytime.pdf. Accessed May 30, 2013

[47] Zachry AH, Kitzmann KM. Caregiver awareness of prone play recommendations. *Am J Occup Ther*. 2011;65(1):101–105

[48] Consumer Reports. Crib buying guide. http://www.consumerreports.org/ cro/cribs/buying-guide.htm. Updated April 2013. Accessed May 30, 2013

[49] Small R. *Building Babies Better*. Canada: Trafford On Demand Publishing; 2012

[50] Abbott AL, Bartlett DJ. Infant motor development and equipment use in the home. *Child Care Health Dev*. 2001;27(3):295–306

[51] Littlefield TR, Beals SP, Manwaring KH, et al. Treatment of craniofacial asymmetry with dynamic orthotic cranioplasty. *J Craniofac Surg*. 1998;9(1):11–19

［52］Graham JM, Kreutzman J, Earl D, Halberg A, Samayoa C, Guo X. Deformational brachycephaly in supine-sleeping infants. *J Pediatr.* 2005;146(2):253–257

［53］Boere-Boonekamp MM, van der Linden–Kuiper AT. Positional preference: prevalence in infants and follow-up after two years. *Pediatrics.* 2001;107(2):339–343

［54］Hutchison BL, Thompson JM, Mitchell EA. Determinants of nonsynostotic plagiocephaly: a case-control study. *Pediatrics.* 2003;112(4):e316

［55］Cheng JC, Au AW. Infantile torticollis: a review of 624 cases. *J Pediatr Orthop.* 1994;14(6):802–808

［56］Luther BL. Congenital muscular torticollis. *Orthop Nurs.* 2002;21(3):21–29

［57］Emery C. The determinants of treatment duration for congenital muscular torticollis. *Pediatrics.* 1994;74(10):921–929

［58］Anisfeld E, Casper V, Nozyce M, Cunningham N. Does infant carrying promote attachment? An experimental study of the effects of increased physical contact on the development of attachment. *Child Dev.* 1990;61(5):1617–1627

［59］Budreau G. The perceived attractiveness of preterm infants with cranialmolding. *J Obstet Gynecol Neonatal Nurs.* 1989;18(1):38–44

［60］Biggs WS. Diagnosis and management of positional head deformity. *Am Fam Physician.* 2003;67(9):1953–1960

［61］Palfrey JS. CPSC, FDA warning on infant sleep positioners. http://www.

aap.org/en-us/about-the-aap/aap-press-room/pages/CPSC-FDA-Warn-ing-on-Infant-Sleep-Positioners.aspx. Published September 29, 2010. Accessed May 30, 2013

［62］Fish D, Lima D. An overview of positional plagiocephaly and cranial remolding orthoses. *J Prosthet Orthot.* 2003;15(2):37–45

［63］Plagiocephaly Awareness. Torticollis stretching. http://plagiocephalyaware-ness.org/articles/torticollisstretching.pdf. Revised March 12, 2009. Accessed May 30, 2013

［64］Anderson RC, Fielding LG, Wilson PT. Growth in reading and how children spend their time outside of school. *Read Res* Q. 1988;23(3):285–303

［65］Bryant PE, Bradley L, Maclean M, Crossland J. Nursery rhymes, phonological skills and reading. *J Child Lang.* 1989;16(2):407–428

［66］Dunst CJ, Meter D, Hamby DW. Relationship between young children's nursery rhyme experiences and knowledge and phonological and printrelated abilities. *CELL Reviews.* 2011;4(1):1–12

［67］Mindell JA, Telofski LS, Wiegand B, Kurtz ES. A nightly bedtime routine: impact on sleep in young children and maternal mood. *Sleep.* 2009;32(5):599–606

［68］Hernandez-Reif M, Diego M, Field T. Preterm infants show reduced stress behaviors and activity after 5 days of massage therapy. *Infant Behav Dev.* 2007;30(4):557–561

［69］Field T, Hernandez-Reif M. Sleep problems in infants decrease following massage therapy. *Early Child Dev Care*. 2001;168(1):95–104

[70] American Academy of Pediatrics HealthyChildren.org. http://www. healthychildren.org/English/safety-prevention/at-home/pages/Choosing-a-Crib.aspx. Updated May 11, 2013. Accessed May 30, 2013

[71] Needham A, Barrett T, Peterman K. A pick-me-up for infants' exploratory skills: early simulated experiences reaching for objects using 'sticky mittens' enhances young infants' object exploration skills. *Infant Behav Dev*. 2002;25(3):279–295

[72] Ainsworth MD. Object relations, dependency and attachment: a theoretical review of the infant-mother relationship. *Child Dev*. 1969;40(4):969–1025

[73] Schore AN. Effects of secure attachment relationship on right brain development, affect regulation, and infant mental health. *Infant Ment Health J*. 2001;22(1-2):7–66

[74] Bertenthal BI, Van Hofsten C. Eye, head and trunk control: the foundation for manual development. *Neurosci Biobehav Rev*. 1998;22(4):515–520

[75] US Consumer Product Safety Commission. Baby seats recalled for repair by Bumbo International due to fall hazard. Consumers should order free repair kit. http://www.cpsc.gov/cpscpub/prerel/prhtml12/12247.html. Published August 15, 2012. Accessed May 30, 2013

[76] WebMD Answers. Do babies have kneecaps? http://answers.webmd.com/answers/1198626/do-babies-have-kneecaps. Published March 26, 2012. Accessed May 30, 2013

[77] Joy's Hope. http://www.joyshope.com. Accessed May 30, 2013

[78] Siegel AC, Burton RV. Effects of baby walkers on motor and mental development in human infants. *J Dev Behav Pediatr.* 1999;20(5):355–361

[79] American Academy of Pediatrics Committee on Injury and Poison Prevention. Injuries associated with infant walkers. *Pediatrics.* 2001;108(3):790–792

[80] Bowlby J. *Attachment and Loss.* 3 vols. New York, NY: Basic Books; 1969–1980

[81] Amabile T. *The Social Psychology of Creativity.* New York, NY: Springer-Verlag; 1983

[82] Miller BC, Gerard D. Family influences on the development of creativity in children: an integrative review. *Fam Coord.* 1979;28(3):295–312

[83] Brandt A, Gebrian M, Slevc LR. Music and early language acquisition. *Front Psychol.* 2012;3:327

[84] Wells G. Preschool literacy-related activities and success in school. In: Olson DR, Torrance N, Hildyard A, eds. *Literacy, Language, and Learning: The Nature and Consequences of Reading and Writing.* Cambridge, United Kingdom: Cambridge University Press; 1985:229–255

[85] Shore R. *Rethinking the Brain: New Insights into Early Development.* New York, NY: Families and Work Institute; 1997

[86] American Academy of Pediatrics Committee on Injury, Violence, and Poison Prevention. Prevention of drowning. *Pediatrics.* 2010;126(1):178–185

[87] Zimmerman FJ, Christakis DA, Meltzoff AN. Associations between

media viewing and language development in children under age 2 years. *J Pediatr*. 2007;151(4):364–368

［88］Richert RA, Robb MB, Fender JG, Wartella E. Word learning from baby videos. *Arch Pediatr Adolesc Med*. 2010;164(5):432–437

［89］Durbin DR, American Academy of Pediatrics Committee on Injury, Violence, and Poison Prevention. Child passenger safety. *Pediatrics*. 2011;127(4):788–793

［90］Pempek TA, Kirkorian HL, Lund AF, Stevens M, Richards JE, Anderson DR. Infant responses to sequential and linguistic distortions of Teletubbies. Poster presented at: Biennial Meeting of the Society for Research in Child Development; March 27–April 1, 2007; Boston, MA

［91］Kirkorian HL, Pempek TA, Murphy LA, Schmidt ME, Anderson DR. The impact of background television on parent-child interaction. *Child Dev*. 2009;80(5):1350–1359

［92］Schmidt ME, Pempek TA, Kirkorian HL, Lund AF, Anderson DR. The effects of background television on the toy play behavior of very young children. *Child Dev*. 2008;79(4):1137–1151

［93］Vandewater EA, Park SE, Huang X, Wartella EA. "No—you can't watch that": parental rules and young children's media use. *Am Behav Sci*. 2005;48(5):608–623

［94］A Spotted Pony. Turn a wipe container into the best infant and toddler toy. http://aspottedpony.com/fun-for-kids/turn-a-wipe-container-into-the-best-infant-and-toddler-toy/876.Published September 23, 2011. Accessed May 30, 2013